AF357954

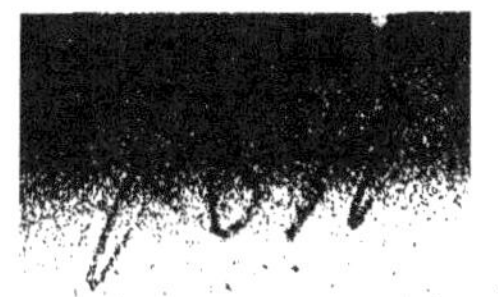

L'AMIRAL
COURBET

AU TONKIN

SOUVENIRS HISTORIQUES

PAR

P.-L. MICHELLE

TOURS

ALFRED CATTIER

ÉDITEUR

L'AMIRAL COURBET

AU TONKIN

L'amiral Courbet.

L'AMIRAL COURBET

AU TONKIN

SOUVENIRS HISTORIQUES

PAR

P.-L. MICHELLE

TOURS

ALFRED CATTIER

ÉDITEUR

PRÉFACE

———

Ce livre a été écrit sans aucun parti pris, si ce n'est celui d'éviter, soit dans la description des faits, soit dans l'appréciation de leurs résultats, tout ce qui peut avoir un rapport quelconque avec la politique intérieure de notre pays.

Il a pour but de rappeler les actions héroïques de nos soldats et de nos marins, sous la conduite d'un chef illustre, dont les victoires ont puissamment contribué à rendre à nos armes un prestige que de fatales circonstances avaient un instant amoindri.

En effet, dans la guerre du Tonkin, la conduite des simples combattants, comme celle de leurs chefs, est au-dessus de tous les éloges, et peut être, sous tous les rapports, proposée comme exemple à la nouvelle génération.

C'est pourquoi nous en avons essayé le récit.

Toutefois, nous nous estimerions heureux, si nos jeunes lecteurs, dont nous ne voudrions certainement pas enrayer les nobles ardeurs, pouvaient cependant comprendre aussi combien les solides bienfaits de la paix l'emportent sur les avantages, souvent factices, toujours discutables, sujets enfin à revanches perpétuelles, que peut procurer la guerre la plus heureusement conduite.

Il faut qu'ils se rappellent que toute effigie de médaille a son revers : — que s'il y a des vainqueurs, il existe des vaincus ; — que s'il y a des survivants, il y a des morts, des blessés, victimes plus à plaindre encore ; — que la victoire la moins meurtrière est toujours trop chèrement achetée; — qu'il suffit de quelques heures, aux engins nouveaux, pour anéantir les richesses et les chefs-d'œuvre industriels et artistiques qu'une longue série de siècles a pu réunir avec peine, et que les siècles futurs ne suffiront point à relever ; — que si, dans notre Europe, la civilisation et le droit des gens ont pu, dans une certaine mesure, limiter les horreurs et les désastres de la guerre, il n'en est point ainsi dans les autres parties du monde, où, comme en Chine et au Tonkin, par exemple, l'incendie, la torture et la mutilation des blessés, le pillage et le massacre des populations inoffensives suivent partout les pas du vainqueur.

Enfin, dans un autre ordre d'idées, on peut constater d'une manière générale que les avantages conquis sont souvent balancés, et même dépassés, par les sacrifices d'hommes et d'argent qu'ils ont coûtés à ceux qui doivent en profiter le plus.

Du reste, les conséquences de la guerre sont tellement désastreuses en elles-mêmes, qu'elles atteignent non seulement les belligérants, mais encore les neutres.

Depuis un quart de siècle, en effet, la solidarité de tous les marchés, de toutes les industries, de toutes les affaires, dans le monde civilisé, est devenue tellement étroite, que toute perturbation particulière devient immédiatement une perturbation générale. Quand un pays fait une sottise, le monde entier en souffre. C'est ainsi qu'il y a quelques mois, la simple crainte d'une guerre entre l'Angleterre et la Russie produisait, rien que sur les fonds publics d'Europe, une dépression de la richesse publique, évaluée à plus d'une douzaine de milliards.

Espérons donc que les puissances européennes, se trouvant toutes intéressées au maintien de la paix, s'entremettront pour éviter toutes les collisions futures.

Quoi qu'il en soit, il ne faut point oublier que s'il peut exister des guerres nous paraissant avantageuses à certains points de vue, il n'y en a qu'une de vraiment grande, honorable et légitime, celle qui a pour but la défense du sol sacré de la patrie; et que c'est pour celle-là surtout que l'on doit exalter les vertus guerrières des jeunes générations et leur rappeler l'héroïsme des aïeux.

L'AMIRAL COURBET

AU TONKIN

I

UNE EXCURSION MATINALE. — HISTOIRE

ET DESCRIPTION DU TONKIN

Les brumes de la nuit cherchaient à s'élever peu
à peu aux lueurs indécises du jour qui commençaient
à paraître à l'horizon. La terre semblait fumer, et
formait, au-dessus des rivières, d'épaisses traînées
de vapeur, montant avec peine vers le ciel en spirales
alourdies. L'odeur âcre de ce brouillard prenait à la
gorge.

Çà et là, des meules de riz, les pieds baignés
dans l'eau, accusaient plus vigoureusement leurs
silhouettes encore indécises, sur le fond brumeux du
paysage qu'on entrevoyait à peine.

Enfin, de temps à autre, on entendait le cri des

bécassines ou le roucoulement des pigeons verts, étirant leurs ailes engourdies et s'ébattant au moment de leur réveil.

Deux hommes cependant suivaient à pied la digue qui forme la rive droite d'un petit arroyo, coulant à peu de distance du redan nord de la citadelle d'Haï-Dzuong.

Le plus âgé des deux paraissait avoir trente-cinq ans, et portait, d'une allure juvénile, le costume de lieutenant d'infanterie de marine, en tenue de campagne.

Par habitude ou par caractère, il semblait apporter la plus grande attention à tout ce qui se passait, ou pouvait se passer, autour de lui. Ses yeux semblaient vouloir percer le rideau de vapeurs qui l'enveloppait de toutes parts. L'oreille au guet, il arrêtait souvent et brusquement sa marche, comme pour surprendre et mieux saisir le moindre bruit qui viendrait frapper son ouïe sans cesse en éveil.

Il se comportait enfin comme s'il se fût agi d'opérer une reconnaissance en pays ennemi, et comme s'il eût craint de tomber dans une embuscade quelconque.

Son compagnon, jeune homme de vingt-cinq ans, formait avec lui le plus frappant contraste.

Revêtu d'un costume de fantaisie, moitié européen, moitié chinois, tenant à la fois de l'habillement civil et de l'uniforme militaire, il paraissait jouir de la quiétude la plus complète.

Marchant à côté de son compagnon, il s'en allait insoucieusement, lui rappelant le souvenir de leurs amis communs ; et, tout au charme de ce récit intime, il s'arrêtait ou s'avançait, suivant machinalement tous les mouvements du lieutenant, sans s'apercevoir de la singularité de ses allures.

Celui-ci, l'interrompant brusquement, lui dit tout à coup :

— Mon cher enfant, vous ne pouvez douter, n'est-ce pas, du bonheur que j'ai à vous entendre parler de votre père, mon meilleur ami et le camarade de mon enfance, de notre chère ville natale, et surtout de cette bonne et vieille France, qui fait battre si fort le cœur de ses véritables enfants.

Car, sachez-le bien ! de même qu'il faut avoir été dangereusement malade pour apprécier les bienfaits de la santé, de même il faut rester, comme nous autres soldats, éloigné du pays et privé pendant quelques mois de toutes espèces de nouvelles, pour réellement sentir combien on est étroitement lié au sol natal, et de quel amour sincère et franchement désintéressé on se trouve, à son insu et à sa grande surprise, enflammé pour la patrie absente.

Et ne croyez pas que cette émotion ne soit ressentie que par les natures d'élite, ou par ceux qui ont reçu une certaine éducation; elle est également le partage de tout le monde sans exception, du meilleur comme du plus gouailleur de nos soldats.

Mais quel que soit le plaisir que j'éprouve à remonter, avec vous, le cours du passé, et à me retrouver, au moins par la pensée, au milieu de tous les nôtres, laissez-moi vous prier de vouloir bien remettre à plus tard, à un moment plus propice, quand nous serons tranquillement assis chez moi, par exemple, la continuation de ce cher entretien, dont je ne puis, en ce moment, je vous l'avoue, savourer tout le charme.

Et, comme le jeune homme, tout interdit, arrêtait sur lui son regard interrogateur, le lieutenant reprit :

— Veuillez me répondre! Pourquoi, diable, êtes-vous venu vous jeter dans cette galère?

— Quelle galère!

— Auriez-vous déjà oublié votre Molière?

— Pas, que je sache! Mais pour vous comprendre, faut-il encore que je trouve ce qui me vaut, dans votre bouche, l'exclamation du bonhomme Géronte, car j'aime à croire que vous ne me trouvez rien de commun avec le valet de Léandre.

— Certes, non! mon cher enfant, mais je n'ai pas été maître d'un premier mouvement de mécontentement dont je vous expliquerai le motif tout à l'heure.

Les *Fourberies de Scapin* n'ont donc rien à voir avec mon exclamation, sinon que, comme Géronte, je suis étonné et inquiet de vous voir ici dans les circonstances où nous sommes.

— Je ne vous comprends pas.

— Vous me comprendrez bientôt, mais, pour le moment, je désirerais savoir ce que vous êtes venu faire au Tonkin, et comment il se fait que vous vous trouviez depuis hier soir à Haï-Dzuong?

— Je vais, si vous le permettez, commencer par la fin.

Je suis venu à Haï-Dzuong pour vous voir.

Le lieutenant tendit silencieusement la main au jeune homme, qui la serra avec affection.

— Et au Tonkin ? insista l'officier.

— Ah ! voilà une question à laquelle il m'est, *a priori*, beaucoup plus difficile de répondre.

Une fois arrivé au Tonkin, il était tout naturel que je cherchasse à vous trouver et à vous rejoindre. Mais quant à préciser pourquoi je suis venu au pays du fleuve Rouge, c'est beaucoup plus compliqué, et, à vous dire vrai, je n'en sais trop rien.

— Mon cher filleul, dit l'officier en riant, cela ne me paraît point constituer un motif suffisamment... déterminant.

— Ni surtout suffisamment déterminé, répondit le jeune homme en souriant à son tour.

Mais vous réclamez de moi la vérité, je vous la donne pour ce qu'elle est !

Et puis, savez-vous que vous m'en demandez beaucoup plus long que je ne m'en suis demandé moi-même.

Une citadelle au Tonkin. — Haï Oznonk.

COURBET.

Cependant...

— Attendez ! Laissez-moi au moins le temps de me reconnaître, et, en posant quelques jalons rétrospectifs, je finirai bien par retrouver le motif de mon arrivée ici.

Que vous disais-je?... J'y suis maintenant.

Vous saurez que mon père m'avait envoyé en Cochinchine pour y régler une question d'intérêt. Je fus assez heureux pour la terminer en quelques jours à sa satisfaction. Mais, comme on n'a pas tous les jours l'occasion de venir en Extrême-Orient, j'ai voulu, avant de rentrer en France, voir un peu de pays. J'ai éprouvé le désir bien naturel de visiter les lieux de nos derniers combats.

Le traité de Hué venait d'être signé, la guerre était donc finie. Rien ne s'opposait, par conséquent, à ce que je vinsse exercer mes talents d'aquarelliste et de peintre dans un pays presque inconnu et dont les sites devaient, plus tard, orner, d'une façon tout à fait inédite, les murs de mon futur atelier.

A tout cela, il faut ajouter que, lors de mon départ de France, et depuis, dans toutes ses lettres, mon père n'avait cessé de me recommander de m'informer de vos nouvelles et de m'encourager à vous voir personnellement.

Le hasard me fit rencontrer à Saïgon un officier de votre régiment, qui m'apprit que vous étiez à Haï-Dzuong. Il n'en fallut pas davantage pour vaincre mes dernières hésitations.

Voilà pourquoi je suis parti pour le Tonkin, et voici comment, sachant où vous trouver, je suis venu directement ici, sans vouloir m'arrêter nulle part.

Je compte maintenant sur vous pour me piloter, me montrer le pays, et me dire où je dois porter de préférence mon chevalet et mes pinceaux.

— Ainsi mon cher Olivier, reprit le lieutenant après quelques instants de marche silencieuse, vous croyez que la paix est définitive ; — que le pays est sûr et tranquille ; — que les troupes ennemies, annamites et chinoises, se sont réellement retirées ; — que les pirates, Pavillons-Noirs et autres, ont disparu pour jamais ; — que les étrangers européens peuvent enfin, sur la foi des traités, aller et venir en toute liberté et faire des études du paysage partout où bon leur semblera?

— Pourquoi n'en serait-il pas ainsi?

— Parce que cela serait trop beau..., parce que vous ne connaissez pas les Orientaux, et surtout les Chinois.

— Mais, mon cher parrain, pourquoi me parlez-vous toujours des Chinois, puisque c'est aux habitants du Tonkin que vous avez affaire?

— C'est ce qui vous trompe, mon ami. Géographiquement, nous sommes bien au Tonkin; c'est-à-dire dans l'Annam septentrional, mais l'empereur du Céleste-Empire, regardant le roi de l'Annam comme son vassal, il en résulte que, politiquement, nous nous trouvons bel et bien en Chine, selon les Chinois, naturellement.

Or, les aborigènes du sol tonkinois sont peut-être les seuls gens contre lesquels nous n'ayons point à lutter les armes à la main. Nos adversaires, ce sont les Annamites de la cour de Hué; ce sont les Pavillons-Noirs et les bandes de pirates, opérant pour leur propre compte, et plus vraisemblablement encore pour le compte de la Chine ; ce sont les réguliers du Céleste-Empire, conduits et dirigés par des Européens.

Mais revenons à vous, mon cher Olivier. Vous ne me paraissez guère au courant de ce qui se passe ici, et je ne crois pas me tromper en supposant que vous ne connaissez guère la question du Tonkin.

— Mon Dieu ! je la connais, comme tout Européen peut la connaître, c'est-à-dire par les dépêches officielles, et pour en avoir beaucoup entendu parler d'une façon générale, mais sans avoir jamais cherché à l'approfondir sérieusement.

— C'est-à-dire que vous n'en connaissez à peu près rien ! C'est, du reste, ce que je craignais !

Eh bien ! mon ami, puisqu'il vous a plu de venir inconsidérément dans ce pays sans vous être préalablement préoccupé de sa situation actuelle, des ennuis et des dangers que vous pouviez y courir ; comme je tiens, par affection pour vous et pour votre excellent père à ce que vous rentriez en France sain et sauf, si cela est possible, ce dont, entre parenthèse, je ne suis pas sûr ; comme je suppose enfin qu'il vous sera beaucoup plus difficile de vous en aller d'ici que d'y être venu, il est absolument nécessaire que je vous dise ce qu'est ce pays et quels périls vous y menacent.

Une fois bien averti, vous vous tirerez plus facilement d'affaire.

Écoutez-moi donc attentivement.

Si vous jetez les yeux sur une carte représentant l'Extrême-Orient, vous verrez que le Tonkin est borné ; au nord par la Chine, à l'est par le golfe du Tonkin, à l'ouest par la Birmanie et le royaume de Siam, au sud par le royaume d'Annam.

De même que la Chine prétend que l'Annam lui appartient et que le souverain de ce pays n'est que son vassal, de même les Annamites soutiennent que le Tonkin n'est qu'une partie de leur royaume. Si, au contraire, vous consultez les Tonkinois, ceux-ci vous répondront que leur territoire était indépendant avant 1802, qu'il est actuellement injustement opprimé, mais qu'il est appelé, un jour ou l'autre, à reprendre sa liberté sous le sceptre d'un descendant légitime de l'ancienne dynastie des Lé. En attendant, et connaissant les procédés aussi expéditifs que sommaires dont les mandarins chinois et annamites font usage pour se débarrasser des personnages qui les gênent, les partisans de ce futur roi le cachent avec le plus grand soin.

En réalité, voici ce que l'on sait sur l'origine et l'histoire de ce pays.

Quelques milliers d'années avant Jésus-Christ, les montagnes qui sont au nord du Tonkin étaient habitées par des peuplades barbares ayant pour roi Viet-Nam, un des fils de l'empereur de la Chine.

Les fleuves qui descendent du centre de l'Asie et de ces montagnes ne tardèrent pas, par leurs dépôts limoneux, à former à leur pied un pays d'alluvion d'une fertilité remarquable, et dont les sujets de Viet-Nam voulurent s'emparer.

Mais les Muongs, habitants des montagnes qui sont situées au sud du Delta, se trouvèrent avoir les mêmes prétentions.

Une guerre éclata ; les montagnards du Nord furent battus et les vainqueurs occupèrent le pays conquis jusqu'au IIIe siècle avant l'ère chrétienne. C'est alors que, soit pour venger l'échec de ses aïeux, soit plus vraisemblablement pour se débarrasser d'un excès de population gênante et indisciplinable, l'empereur de la Chine, Hoang-Ti, fit envahir le Delta par une armée de 500,000 vagabonds et pirates chinois, qui écrasèrent les Muongs et restèrent maîtres de la contrée jusqu'au xᵉ siècle environ.

Des guerres civiles ayant à ce moment éclaté en Chine, les habitants du Tonkin en profitèrent pour se soulever et reprendre leur indépendance, qu'ils purent conserver de 968 à 1414, époque à laquelle le Céleste-Empire remit de nouveau ce pays sous son joug, mais pour quelques années seulement ; car, en 1428, le général tonkinois Lé-Loï, après des prodiges de valeur, parvenait à chasser définitivement les armées d'invasion et était proclamé roi par ses soldats.

Un siècle après la mort de Lé-Loï, un autre général, Nguyen-Dzo, sauvait également le pays, et conservait le pouvoir, sous le titre de Chua, correspondant à celui de maire du palais. Son gendre, Trinh-Kiens, lui succéda au Tonkin, tandis que son fils, Nguyen-Hoang, se déclarait d'abord régent, puis roi de Cochinchine, sans nier toutefois la suprématie nominale des princes Lé.

Ainsi, au xvii° et au xviii° siècle, le Tonkin et l'Annam formèrent deux États bien distincts et se livrant des combats incessants, les Trinhs voulant, sans pouvoir y parvenir, châtier la rébellion des Nguyens.

Ce n'était plus une guerre de nation à nation, mais une lutte de prépondérance entre les régents d'Ha-Noï et ceux de Hué.

Aussi, après deux siècles de combats acharnés, Annamites et Tonkinois s'aperçurent qu'ils ne luttaient, en définitive, ni pour leur indépendance, ni pour l'intégrité de leur territoire, ni pour la légitimité de leur royauté, et, pour mettre un terme aux désastres de dissensions dont ils faisaient tous les frais sans en tirer aucun profit, ils chassèrent, d'un seul et même coup, Trinhs et Nguyens.

Le dernier représentant de la maison de Lé, remis sur le trône, gouverna deux ans sous la régence des deux frères Tay-Son, qui avaient été les instigateurs de la révolte. Cette tutelle lui devint bientôt insupportable, et, en 1788, il s'enfuit en Chine, avec l'appui d'une armée de laquelle il essaya, mais vainement, de reconquérir ses États.

Les Trinhs ayant disparu, le dernier régent Nguyen, Hiéou-Vuong, chercha, de son côté, à reprendre l'offensive, mais il fut tué et son armée détruite. Son neveu, Nguyen-An, qui s'était réfugié dans le royaume de Siam, auprès de Mgr de Behaine, pria l'illustre évêque d'Adran de solliciter pour lui l'appui du roi Louis XVI, avec lequel il ne tarda pas à signer le traité du 27 novembre 1787.

Grâce à la coopération des officiers français qui lui furent envoyés, Nguyen-An put reconquérir ses provinces de Cochinchine, rentrer à Hué, relever ses forteresses, construire une flotte et équiper une armée avec laquelle il chassa les Tay-Son du Tonkin.

Se présentant comme le restaurateur de la dynastie des Lé, et ne prenant que le titre de régent, il se concilia d'abord toutes les sympathies de la nation. Toutefois, aucun héritier des Lé ne s'étant présenté, il se fit, sous le nom de Gia-Long, proclamer roi de l'Annam, en 1802, et reconnaître tel par l'empereur de la Chine.

Depuis cette époque, il n'est pas d'exactions dont les habitants du Tonkin n'aient été victimes de la part des mandarins de la cour de Hué ; et cette odieuse oppression suffit pour expliquer les innombrables tentatives qu'ils ont faites pour reconquérir leur indépendance.

C'est ainsi qu'en 1861, au moment où éclatait la guerre de Cochinchine, entre la France et l'Annam, le chef de la famille des Lé, le prince Lé-Phung, débarqua au Tonkin, souleva tout le pays et remporta plusieurs victoires sur terre et sur mer. Ses ambassadeurs vinrent, vainement alors, réclamer l'appui et le protectorat de la France.

Malheureusement, après plusieurs années d'une lutte inégale et désespérée, il fut vaincu, fait prisonnier et condamné au supplice du *Lang-Tri*, c'est-à-dire qu'après lui avoir coupé les quatre membres, ouvert le ventre, arraché les entrailles, on finit par lui trancher la tête.

Si, depuis lors, Francis Garnier et Henri Rivière ont pu l'un et l'autre, avec une poignée d'hommes, vaincre et chasser les garnisons de Tu-Duc, le descendant de Gia-Long, c'est évidemment grâce à leur courage héroïque, mais c'est aussi grâce à la haine des Tonkinois pour leurs oppresseurs qu'ils ont pu s'avancer et se maintenir dans le pays sans être écrasés par le nombre des habitants.

Je viens de vous retracer à grands traits l'histoire du Tonkin, je vais maintenant essayer de vous donner une idée de sa configuration physique.

Le Tonkin est situé entre le 18ᵉ et le 24ᵉ degré de latitude nord, et s'étend du 101ᵉ au 106ᵉ de longitude est. Il a environ 500 kilomètres de longueur sur à peu près autant de largeur.

Son climat est sain et tempéré. On n'y éprouve pas ces brûlantes et intolérables chaleurs qui stérilisent et dévorent les autres contrées situées sous la même latitude.

Il pleut fréquemment ; ce qui n'est pas étonnant quand on songe à l'évaporation qu'un soleil aussi ardent peut provoquer sur l'immense masse d'eau des rivières, arroyos et lacs qui couvrent le pays et le sillonnent en tous sens, comme les fils d'une vaste toile d'araignée. — La condensation d'aussi grandes quantités de vapeurs d'eau amène naturellement des pluies torrentielles.

C'est qu'en effet, sur la côte orientale du Tonkin, vient se déverser dans la mer, un grand fleuve appelé Hong-Kiang par les Chinois, Song-Koï par les Annamites, fleuve Rouge par les Français, qui, les premiers des Européens, en ont exploré le cours. A sa sortie du Yunnam, c'est-à-dire au moment où, quittant la Chine, il entre sur le territoire du Tonkin, soit à 600 kilomètres de la mer en tenant compte des sinuosités du cours de la rivière, le Song-Koï présente déjà une largeur moyenne de 100 mètres, et peut porter des barques. M. Dupuis l'a même remonté eu bateau jusqu'à Manhao, c'est-à-dire à 100 kilomètres plus haut.

Il coule du nord-ouest au sud-est dans une vallée assez étroite, et ne tarde pas à recevoir à droite une rivière aussi importante, le Song-Bo, dont les affluents supérieurs se trouvent également en Chine, et que des bateaux peuvent remonter jusque dans le Laos. Le Song-Bo est la *rivière Noire* des Français, et mérite bien ce nom, au moins dans la partie inférieure de son cours.

Là, en effet, de profondes écluses, ouvertes dans

le granit, atteignent, en certains endroits, jusqu'à 300 mètres de profondeur. Ces fissures du sol présentent des parois qui correspondent exactement d'une rive à l'autre, offrant la même contexture géologique et des bandes de carbonate de fer à des hauteurs identiquement égales. De distance en distance, des blocs se sont détachés des parois surplombantes, ont encombré le lit et fomé des rapides où l'eau sombre se brode d'écume blanche.

Presque doublé en volume par cette rivière et devenu fleuve important, mais coupé çà et là de rapides difficiles à franchir lors des basses eaux, le grand cours d'eau, qui porte en cet endroit le nom de Thao, ne prend son appellation de Song-Koï (grand fleuve) qu'après avoir reçu les eaux d'une autre rivière, aux noms multiples de Kham, Bode, Liéou, Ca, suivant les vallées arrosées par elle, mais qu'on appelle plus généralement du nom de l'un de ses affluents : la rivière Claire.

La fertilité des bords de cette dernière, la largeur de son lit, lui ont donné une grande importance, et quelques écrivains l'ont désignée pour la rivière principale. Mais il suffit de regarder les eaux, en aval de la jonction, pour constater conbien le Song-Koï l'emporte par la force et le débit de son courant ; l'onde pure du Bode se perd immédiatement dans les flots troubles du confluent, rougi, dit la légende, par le sang d'un dragon foudroyé par les dieux.

A partir de cet endroit jusqu'à la fourche supérieure du Delta, le tronc du fleuve n'est que de peu de longueur, et, à 150 kilomètres de la mer, les eaux se divisent. Les deux bras principaux : le Song-Koï au nord, le Song-Hat ou Daï au midi, se ramifient eux-mêmes en de nombreux bayous, et, par des canaux naturels et artificiels, transforment tout le Delta en un labyrinthe d'îles, changeant suivant les inondations fluviales et les érosions marines.

Deux bras latéraux du Song-Koï, la *rivière des Mûriers* ou canal des rapides, en partie creusée de main d'homme, et le *Kaou-Lu*, vont rejoindre au nord un autre delta encore plus ramifié, celui que forment les bras du *Thay-bing*, descendu, sous le nom de *Song-Kaoï* du lac Babe, situé dans une région inexplorée de la frontière.

Vous devez facilement comprendre ce qu'une terre ainsi arrosée peut produire comme végétation, sous l'influence d'une température chaude et constante. Aussi l'air est-il embaumé et purifié par l'odeur et la verdure des végétaux, et le sol se montre-t-il d'une fertilité incomparable.

Au bord de la mer, les vases et les terres noyées dont l'homme n'a pu encore modifier la flore, sont couvertes de mangliers, de pandanes, de palmiers calames, aux tiges longues et flexibles comme des roseaux.

Puis vient le Delta, dans les 12 à 15,000 kilomètres carrés de superficie duquel, par suite des nombreuses invasions d'irréguliers et de rebelles chinois, les indigènes du Tonkin se sont réfugiés et entassés. Là, pas un pouce de terrain cultivable n'est resté en friche, car la densité de la population y est de beaucoup supérieure à celle de la France. Partout les cultures se succèdent sans interruption. Regardez autour de nous. Chaque champ est entouré d'un petit bourrelet de terre qui sert à empêcher l'eau d'entrer ou de sortir, suivant que le riz a besoin d'être baigné ou non. La campagne, avec ses innombrables petites cases, ne vous rappelle-t-elle pas nos moules à gaufres. Voici des levées, un peu plus hautes, ce sont les chemins qui vont d'un village à un autre.

La proximité d'une ville comme Haï-Dzuong n'est pour rien dans l'accumulation de ces travaux ; il en est de même dans tout le Delta, où vous ne pourriez trouver la moindre parcelle de terrain inculte.

Aussi les produits agricoles du pays sont-ils variés et abondants. Parmi les principaux, je vous citerai : le riz, qui a plus de quarante espèces, le maïs, les patates, la badiane. On y cultive aussi le thé, le café, l'indigo, le safran, le cocotier, l'aréquier, le cotonnier et le poivrier, la racine *nao* qui sert à teindre en jaune. La canne à sucre y abonde ; la vigne y croît spontanément, et les mûriers nourissent un grand nombre de vers à soie. Enfin la cannelle serait, à elle seule, un des revenus les plus considérables, si le souverain de l'Annam ne s'en était réservé le monopole pour la vendre 100 francs l'once !

Bien qu'on emploie la cannelle avec succès pour

guérir les ophtalmies, si nombreuses sous les tropiques, ce prix m'a toujours paru digne de la plus grande attention.

Mais passons !

Tout autour du Delta s'étend une région huit à dix fois plus vaste, désignée sous le nom de haut Tonkin. Autrefois habitée et bien cultivée, elle est aujourd'hui déserte. Quand je dis déserte, cela signifie que ses forêts et ses montagnes servent de repaire à des bandits de toutes espèces, à des pillards de toutes les nations, à des pavillons de toutes couleurs, contre lesquels nous aurons longtemps à nous mettre en garde.

Ces forêts vierges, presque impénétrables, sont d'une beauté remarquable ; les plantes de l'Hymalaya, de la Chine, du Japon, s'y mêlent aux espèces indo-chinoises. On y rencontre des anémones, des violettes, des saxifrages, comme dans l'Europe occidentale. Là, croissent en foule les essences d'arbres les plus appréciées pour la construction, l'ébénisterie et la teinture, tels que : le tek, l'ébénier, le bois de rose, le bois de fer, le bois à vernis, le guttier-gommier et le bois d'aigle, qui émet en brûlant un parfum si délicieux que, dans l'Annam, son usage est réservé spécialement à brûler dans le palais du roi et dans le temple des dieux.

Ces forêts renferment des éléphants, des tigres, des panthères, des léopards, des ours, des rhinocéros, des cerfs, des chevreuils, des singes. Ces derniers y sont remarquables par leur nombre et leur hardiesse. On les a vus se réunir en bandes pour venir dévaster les plantations. Quant aux serpents, ils pullulent. Il y en a de toutes les couleurs et de toutes les grosseurs.

La richesse minière des montagnes qui ceinturent le Tonkin ne saurait être appréciée à sa juste valeur, qui doit être de la plus haute importance, car on y a signalé en abondance la présence de l'or, de l'argent, de l'antimoine, du mercure, du cuivre, de l'étain, du fer, du zinc, etc. On peut encore en extraire des marbres et des pierres de plus ou moins de valeur.

Il n'a pas été possible d'évaluer encore le chiffre de la population, qui, à en juger par le nombre des villages, à peine éloignés d'un kilomètre les uns des autres, pourrait bien s'élever à une trentaine de millions d'âmes.

Les habitants sont généralement petits, mais assez robustes et fort adroits. La figure ronde et imberbe, au teint olivâtre, présente un nez épaté, des pommettes saillantes, des yeux légèrement bridés. Ils portent les cheveux longs et roulés en chignon autour de la tête. Leurs attaches sont fines, et ils ont les mains effilées, celles de toutes les races orientales.

Les Tonkinois sont moins sournois et moins routiniers que les Chinois. Ils sont comme les Indiens, castés et respectueux de tout ce qui est force et autorité. Généralement sobres et très travailleurs, leur principale passion consiste à chiquer le bétel, mélangé avec de la chaux et de la noix d'arec. Seuls, les lettrés et les mandarins peuvent se payer le luxe de l'opium.

Il n'y a pas d'industrie proprement dite au Tonkin. Les habitants sont presque tous agriculteurs ou bateliers. Le pays est couvert de petits villages, composés de cases construites en bambous et en feuilles de palmiers, donnant chaque soir asile aux indigènes qui cultivent les rizières avoisinantes. Le reste de la population, qui habite exclusivement sur les sampans, est assez considérable, et puise ses moyens d'existence dans la pêche et le transport des récoltes d'un point à un autre.

Voilà un petit exposé historique, géographique, physique et agricole du Tonkin, que je ne m'attendais guère à faire, dit le lieutenant en terminant.

Il est loin d'être parfait et complet. Mais il suffira pour vous faire mieux connaître les points sur lesquels je voulais attirer votre attention.

— Mon cher parrain, reprit le jeune homme, je vous ai écouté avec le plus vif intérêt, mais je vous avoue que je n'ai pas encore compris de quelle nature sont les périls auxquels vous me reprochez de m'être si bénévolement exposé.

Comme, d'une part, je n'ai pas l'intention d'aller visiter vos forêts vierges, infestées de pirates et de bêtes féroces, et, comme, d'autre part, vous vantez la salubrité du pays, je ne vois pas trop, à l'exception des serpents, quels dangers je puis courir.

— C'est que, mon cher enfant, je n'ai pas encore tout dit. Mais, comme. nous sommes arrivés au but de notre promenade matinale, je vous garde la suite de mon récit pour charmer les loisirs de notre retour.

II

LA CASE DU POTIER. — L'OCCUPATION FRANÇAISE

Les deux promeneurs venaient d'arriver devant un ravissant bouquet de verdure dont les arbres abritaient une rustique habitation, composée de plusieurs paillotes, construite à peu de distance et sur les bords d'une petite anse formée par un retrait de l'arroyo.

La végétation tropicale faisait à l'ensemble de ces cases un cadre merveilleux. Quelques palmiers trempaient leurs pieds dans l'eau, tandis que la brise matinale courbait gracieusement leurs palmes légères. Des bananiers mêlaient leurs larges et luxueuses feuilles d'un vert clair et luisant comme le satin aux colonnettes grêles et élancées des aréquiers couronnés d'un panache foncé, tandis que des litchis énormes semblaient tordre, en convulsions bizarres, leurs membres contournés sous d'opulents dômes d'un vert poussé au noir. Enfin, au-dessus d'une haie de bambous, au feuillage léger et frissonnant, apparaissaient pêle-mêle des goyaviers, des pêchers, des orangers, des papayers.

— Voilà, dit le jeune homme, une demeure dont le propriétaire est évidemment un homme de goût.

— Et surtout un homme pratique, ajouta l'officier. Car ne croyez pas que ces arbres ont été réunis là pour le seul plaisir des yeux; l'expérience et les besoins de chaque jour ont présidé à leur choix, plus judicieux qu'artistique.

En effet, dans ces palmiers, l'indigène trouvera les matériaux nécessaires pour réparer et agrandir, par l'adjonction de quelques nattes la légère construction qui l'abrite.

L'aréquier lui donne la fameuse noix d'arec, qui, mélangée à la chaux et à la feuille de bétel, constitue une chique aussi précieuse pour lui que la nourriture même, mais dont la mastication incessante lui noircit les dents et provoque cette salivation rougeâtre si répugnante à voir pour les Européens.

Voyez ces ananas, ces bananes, ces oranges, ces limons, goyaves, ces pêches, ces jagues, ces melons d'eau, ces pamplemousses, ces cocos, est-il possible de réunir un dessert plus abondant en fruits aussi délicieux?

Quant aux bambous, dont les jeunes pousses lui tiennent lieu de légumes, le Tonkinois les emploie encore à fabriquer des nattes, des treillis, des cordages, des paniers, des vases, et la plupart des objets de son mobilier. Il s'en est déjà servi pour la construction de sa demeure, pour celle de ses sampans, qui sont à l'eau, pour la confection de ses armes et l'établissement de ses retranchements.

Vous le voyez, notre homme a su réunir dans un petit espace l'utile et l'agréable. Mais entrons.

L'industrie de celui chez lequel le lieutenant venait de pénétrer se révélait dès les premiers pas qu'on faisait dans l'enceinte de sa demeure. Des vases en terre de toutes formes et de toutes grandeurs séchaient à l'ombre des bananiers ou s'entassaient sous les paillotes dans un désordre pittoresque.

Cette poterie grossière ne se faisait remarquer ni par l'élégance des formes ni par la moindre ornementation, mais, en revanche, les échantillons en étaient nombreux et variés. On pouvait y trouver depuis le plus simple des plats à riz jusqu'à l'énorme jarre, dont la panse arrondie faisait involontairement songer aux aventures d'Ali-Baba.

Dans la case principale, une femme discutait avec le marchand le prix d'un objet qu'elle tenait à la main. Une autre s'éloignait, tout en comptant les sapèques qui lui restaient sur la ligature qu'elle avait dû entamer pour payer son acquisition. Enfin, près de l'eau, un jeune garçon semblait examiner si la cruche qu'on venait de lui livrer ne se trouvait point avariée, et si le liquide dont il l'avait remplie ne s'échappait pas par quelque fissure invisible.

L'officier, sans paraître s'occuper des marques de respectueuse terreur que sa présence avait inspirée à tous les assistants, clients et marchand, se dirigea vers ce dernier, et, d'un air nonchalant, lui demanda si sa commande était prête.

Le potier disparut, en soulevant une natte qui séparait son magasin d'une seconde pièce, et revint aussitôt tenant une petite gourde qu'il remit silencieusement au lieutenant.

Celui-ci sortit de sa bourse quelque menue monnaie, qu'il donna au potier, en lui disant :

— Voilà le prix convenu. Mais il m'en faudra encore deux autres pareilles. Quand pourrai-je venir les chercher ?

— Dans quatre jours, répondit le marchand, après avoir paru réfléchir pendant quelques secondes.

— C'est bien, Soyez exact. Je reviendrai au jour indiqué. Merci.

Les deux Français s'éloignèrent et se remirent à suivre les bords de l'arroyo, qui, se jetant dans le Thay-Binh, devait leur permettre de rentrer dans la ville d'Haï-Dzuong par un autre chemin que celui qu'ils avaient pris pour en sortir.

Ils marchaient depuis quelque temps en silence, le jeune homme respectant les pensées de son compagnon, qu'il voyait fort préoccupé, quand l'officier se mit à dire :

— Mon cher Olivier, je vous ai, en quelques mots, raconté l'histoire et fait la description du Tonkin, il me reste à vous apprendre pourquoi nous y sommes venus.

La question du Tonkin remonte à 1874, selon les
uns, et, selon les autres, au traité de 1862, qui fut la
conséquence de notre expédition en Cochinchine.

Ce traité nous assurait la possession de trois provinces : Bien-Hoa, Gio-Dihn et Din-Tuong. Mais,
nous ne tardâmes pas à voir ces possessions menacées
par les agitateurs des localités voisines. Ce fut en vain
que, pour faire cesser cet état de choses, on s'adressa
au gouvernement annamite, qui était peut-être le
véritable instigateur de tous ces embarras.

Toujours est-il que, pour assurer sa tranquillité,
la France dut, en 1867, occuper trois nouvelles provinces : celles de Hatien, de Chandor et de Vin-Long.
Et comme l'Annam ne paraissait ni disposé, ni en état
de nous payer l'indemnité de guerre qui lui avait été
imposée par le traité de 1862, la France offrit de
garder ces trois nouvelles provinces en échange de
l'abandon de sa dette.

Les négociations engagées à ce sujet, interrompues
par la guerre de 1870, ne devaient être terminées que
par le traité du 15 mars 1874.

Mais, dans cet intervalle de temps, des faits intéressants s'étaient produits, faits qui devaient amener notre intervention dans le Tonkin.

Le ministre de la Marine, M. de Chasseloup-Laubat, dans le but d'ouvrir des débouchés commerciaux à notre nouvelle colonie, avait ordonné une grande exploration scientifique, chargée de rechercher la voie la plus pratique pour pénétrer dans le Céleste-Empire.

De 1866 à 1868, une Commission française explora le bassin du Mé-Kong, fleuve qui prend sa source dans les montagnes du Thibet, coule à travers la Chine centrale et la presqu'île indo-chinoise, pour venir se jeter dans la mer de Chine, après avoir traversé le Cambodge et la Cochinchine française.

L'expédition ayant constaté que ce grand cours d'eau ne pourrait jamais servir de route à un commerce un peu important en raison des difficultés et des longueurs de la navigation, la Commission conclut que le chemin le plus court et le plus commode pour communiquer avec l'intérieur de la Chine devait être celui du Song-Koï, ou fleuve Rouge, qui arrose la vallée du Tonkin, dont la nombreuse population absorbe des quantités considérables de riz, et envoie en échange de la soie et des produits végétaux.

On savait bien, d'une manière générale, que des jonques annamites remontaient jusqu'aux frontières de la province chinoise de Yun-Nan ; mais on ignorait si des obstacles, cataractes, rapides ou autres, n'interrompaient pas la navigation, d'une façon sérieuse, en un ou plusieurs points.

Ce fut un Français, M. Dupuis, qui prit l'initiative de l'exploration du fleuve Rouge. Doué d'un esprit hardi et aventureux, d'un caractère persévérant, M. Dupuis joignait l'audace à la prudence, et avait tout ce qu'il fallait pour réussir dans une entreprise de ce genre.

Établi depuis 1860, à Han-Keou, sur le fleuve Bleu, et parlant parfaitement la langue chinoise, il avait acquis une grande fortune, et n'avait pas tardé à se créer des relations intimes avec les vice-rois et mandarins des provinces du Sud, en devenant leur fournisseur attitré pour l'armement des troupes chinoises.

Ce fut grâce à cette situation particulière qu'il put se mettre à la recherche de la nouvelle voie fluviale.

Vous ignorez, sans doute, que le Yun-Nan possède les mines les plus riches du globe, et que ces richesses naturelles restent sans emploi, leur transport étant presque impossible au travers du territoire de la Chine.

Or, à cette époque (1871), il y avait déjà quinze ans que l'insurrection musulmane désolait ce pays, et rien ne faisait supposer qu'elle dût bientôt être écrasée.

Comme il fallait près de deux mois et demi pour remonter le fleuve Bleu jusqu'à Han-Keou, M. Dupuis n'eut pas de peine à persuader aux autorités chinoises qu'il y aurait un avantage immense pour elles à se servir du fleuve Rouge, non seulement pour la réception des convois d'armes européennes, mais aussi pour le débouché des produits métallurgiques dont les droits de douane suffiraient seuls à enrichir le Yun-Nan.

Une pareille proposition ne pouvait rencontrer qu'un accueil favorable auprès des mandarins que le futur explorateur avait eu l'habileté d'intéresser personnellement à la réussite de son entreprise.

Le vice-roi de Yun-Nan lui donna une escorte, qui l'accompagna jusqu'à la ville frontière de Mong-Tze. Là, M. Dupuis prit une barque, et, seul avec un domestique chinois, il osa descendre, pendant plus de cent milles, la principale artère du fleuve Rouge, appelé Hong-Kiang par les Chinois, et Song-Thao par les Annamites.

Il traversa ainsi des contrées occupées par des peuplades sauvages et insoumises, et arriva aux avant-postes annamites, où il acquit la certitude que le fleuve continuait à être navigable jusqu'au golfe du Tonkin.

La navigabilité du Song-Koï étant démontrée, M. Dupuis revint trouver le vice-roi, qui le munit de pouvoirs en règle, l'autorisant à organiser un convoi, et l'accréditant, comme mandataire de la Chine, auprès du roi de l'Annam, vassal du Céleste-Empire.

Comme récompense de ses services, il devait recevoir une grande quantité de métaux et la concession de certaines mines.

M. Dupuis vint alors, en 1872, à Paris, et fit part à l'amiral Pothuau, ministre de la Marine, de sa décou-

COURBET.

Pirates tonkinois marchant au supplice.

verte et de ses projets. Ce dernier, vu les circonstances douloureuses où se trouvait la France, ne pouvait promettre à l'explorateur qu'un concours moral.

Toutefois, sur la proposition de M. Francis Garnier,
lieutenant de marine, qui avait fait partie de l'expédition du Mé-Kong, la Société de géographie de
Paris prit, avec l'assentiment du ministère, l'initiative
d'une exploration scientifique qui devait en même
temps relever hydrographiquement le cours du fleuve
Rouge.

De son côté, l'amiral Dupré, gouverneur de la
Cochinchine française, envoyait à Hué M. Legrand
de la Liraye et M. Gauthier pour négocier un traité
de commerce ouvrant l'empire d'Annam aux Européens, et régler les conditions mises à l'exploration
du Song-Koï par la Commission scientifique.

Les choses en étaient là, quand M. Dupuis revint
en Orient. Muni de ses pouvoirs, qu'il tenait du vice-
roi du Yun-Nan, il allait se rendre à la cour de Hué,
quand, sur les conseils du général d'Arbaud, gouverneur par intérim de la Cochinchine française, il résolut d'aller directement à Ha-Noï, pour éviter les

entraves que Tu-Duc paraissait vouloir mettre à toute exploration du Tonkin.

C'est ainsi qu'au mois de novembre 1872 il entrait dans le Cua-Cam, vaste estuaire du delta tonkinois. Son convoi se composait de deux canonnières, d'une chaloupe à vapeur et d'une grande jonque chargée de matériel de guerre et de charbon.

M. Senez, commandant l'aviso français *le Bouragne*, venait de rentrer à ce mouillage, après avoir porté, dans ces parages, un coup terrible à la piraterie chinoise ; mais voulant effectuer une reconnaissance hydrographique dans le fleuve Rouge, il avait rencontré les plus grandes difficultés pour arriver jusqu'à Ha-Noï. Il prévint donc M. Dupuis qu'il aurait à compter avec la mauvaise volonté des autorités annamites, et lui offrit cependant de l'appuyer auprès du commissaire royal Lé-Tuan.

Dés qu'il eut été mis au courant de la situation, ce fonctionnaire déclara que les lois s'opposaient de la façon la plus formelle à ce qu'un étranger pût pénétrer dans le pays.

M. Dupuis fit observer qu'il agissait au nom et

pour le compte de la Chine, et montra les pouvoirs qu'il tenait du vice-roi de Yun-Nan.

Enfin, après une série de pourparlers. on convint que Lé-Tuan demanderait à Hué l'autorisation de laisser passer M. Dupuis, mais que, si la réponse n'arrivait pas dans un délai de huit jours, le fournisseur de la Chine passerait outre, en raison des autorisations dont il était porteur et devant lesquelles les Annamites devaient s'incliner puisqu'elles émanaient d'une puissance dont ils étaient les vassaux.

Comme on devait s'y attendre, la réponse ne vint pas, et M. Dupuis se dirigea vers Ha-Noï. où il arriva le 23 décembre 1872. Mais là, les mandarins, effrayés de voir des étrangers pénétrer si avant sur leur territoire avec des bateaux de forme européenne, mirent leur citadelle en état de défense, et s'opposèrent à ce que la flottille allât plus loin.

Impatienté, M. Dupuis laissa ses bâtiments sous la garde de M. Millot. et partit pour le Yun-Nan. sur des jonques du pays, pour aller porter les munitions qu'il devait livrer à Ma-Ta-Jen, général en chef de cette province.

Le 30 avril 1873, M. Dupuis était de retour à Ha-Noï, ramenant un chargement de métaux. Le vice-roi de Canton avait adressé au roi de l'Annam des dépêches accréditant de nouveau M. Dupuis comme mandataire des autorités du Yun-Nan, et ordonnant qu'on le laissât circuler librement sur le fleuve Rouge.

La cour de Hué ne tint aucun compte des dépêches. Elle envoya deux ambassadeurs, Le-Tuan et Nguyen-Van-Tuong, au gouverneur de la Cochinchine pour se plaindre de la présence au Tonkin de M. Dupuis, qu'elle accusait d'être allié et complice des pirates. Elle offrait de conclure immédiatement le traité de paix et de commerce, qui était pendant depuis 1860, à la condition qu'on expulsât M. Dupuis.

L'amiral Dupré saisit avec empressement cette occasion d'implanter l'influence française au Tonkin, et comme M. Senez avait dû rentrer en France pour cause de maladie, il chargea le lieutenant de vaisseau Francis Garnier, dont les connaissances spéciales et l'intelligence supérieure lui étaient connues, d'aller régler le différend qui divisait M. Dupuis et le gouvernement annamite, et de profiter de l'occasion pour ouvrir sérieusement et réellement au commerce européen le fleuve Rouge depuis son embouchure jusqu'aux frontières de la Chine.

De son côté, le gouvernement anglais, hostile à tout ce qui peut être profitable à la France, s'attachait par ses agents à indisposer contre nous les autorités annamites, et poussait en même temps la Chine à faire la conquête du Tonkin

Le plan que Garnier avait soumis à l'amiral Dupré, et que celui-ci avait approuvé, ne consistait pas à agir par la force et à réaliser une conquête moins difficile à faire qu'à conserver. Il s'agissait, au contraire, d'empêcher la disparition du pouvoir indigène au Tonkin, pour y maintenir, sur un terrain diplomatique inattaquable, la légitimité de l'influence française.

Il fallut négocier à la fois avec Pékin, pour empêcher l'entrée des troupes chinoises ; avec le vice-roi du Yun-Nan, pour garantir l'ouverture de la nouvelle route et discuter des tarifs douaniers équitables ; avec Hué pour montrer au roi d'Annam les dangers qu'il courrait en s'obstinant à fermer le Song-Koï et les avantages qu'il recueillerait, au contraire, en laissant faire le commerce sous la surveillance d'une administration douanière française semblable à celle qui fonctionnait en Chine sous la direction des Anglais.

Telle était la situation quand, le 18 octobre 1873, Francis Garnier partit pour le Tonkin, à la tête d'une petite division composée de deux canonnières et de deux détachements de fusiliers marins et de soldats d'infanterie de marine. Un diplomate annamite rejoignit bientôt l'expédition, qui arriva peu après à Ha-Noï.

Le mandarin qui disposait, au Tonkin, de l'autorité suprême, était le vieux maréchal Nguyen-Try-Phuong, celui de nos adversaires qui s'était montré le plus acharné contre nous lors de la conquête de Basse Cochinchine.

Soit qu'il agît de son propre mouvement, soit qu'il eût reçu des instructions secrètes, il reçut Garnier d'autant plus mal que son escorte lui parut peu nombreuse. L'officier ne s'en mit pas moins en rapport avec l'embassadeur de la cour de Hué, qui prétendit alors n'avoir ni les instructions ni les pouvoirs suffisants pour traiter la question commerciale, mais qui insista pour obtenir de suite l'expulsion de M. Dupuis, et le renvoi immédiat de son expédition.

Garnier refusa d'accéder à cette prétention, ayant, après une sérieuse enquête, reconnu que tous les torts étaient du côté des Annamites. Ce refus ne fit que tendre davantage les relations, où les mandarins apportaient la malveillance et la mauvaise foi les plus insignes.

Prévenu par des indigènes chrétiens, Garnier dut établir une surveillance des plus actives pour assurer la sécurité de son petit détachement. Plusieurs fois on essaya d'empoisonner l'eau dont le corps expédionnaire faisait usage, et à deux reprises différentes on eut à déjouer des tentatives ayant pour but de faire sauter le magasin à poudre.

Enfin, en présence du petit nombre d'hommes que commandait Garnier, les Annamites ne gardèrent bientôt plus le moindre ménagement, et se préparèrent ouvertement à l'attaque.

Devant de pareilles menaces l'officier français ne pouvait plus hésiter. Il dut se décider à un

Le commandant Rivière.

coup d'éclat et signifia un ultimatum au maréchal.

Celui-ci n'en ayant tenu aucun compte et le délai étant expiré, Garnier, le 20 novembre 1873, ne craignit pas d'attaquer, avec 120 hommes, une citadelle défendue par 7,000 soldats. Quelques heures après, la ville et la citadelle d'Ha-Noï étaient en son pouvoir. Les pertes de l'ennemi s'élevaient à 80 tués, 300 blessés et 2,000 prisonniers; le maréchal, qui était au nombre de ces derniers, mourut quelques jours après des blessures qu'il avait reçues. Les Annamites furent désarmés, et les dignitaires qui s'étaient montrés hostiles furent envoyés prisonniers à Saïgon.

Quelques semaines après, Garnier était maître de tout le Delta, s'emparait de l'administration qu'il réorganisait immédiatement d'une façon remarquable, et notifiait aux consuls étrangers l'ouverture du Song-Koï au commerce de toutes les nations.

Mais, pour conserver les avantages conquis, grâce à l'indomptable énergie et à l'héroïsme de sa petite troupe, Garnier aurait eu besoin de quelques renforts de peu d'importance, qu'il avait bien demandés, mais qui n'arrivaient point.

Si les habitants indigènes n'étaient pas hostiles, l'officier français avait tout à craindre des pirates et des troupes annamites de Hué. Le 22 décembre, il put repousser une bande de pirates qui vint attaquer Ha-Noï. Mais, voyant le petit nombre de leurs adversaires, les soldats de Tu-Duc reprirent bientôt courage, et, n'osant les attaquer en face, ils tendirent aux Français, pour les décimer petit à petit, une série d'embuscades dans l'une desquelles Garnier finit par tomber et être massacré. Le même jour, l'enseigne Balny-d'Avricourt était victime d'un guet-apens du même genre.

On a beaucoup discuté sur la campagne de Garnier. On a dit qu'il avait outrepassé ses instructions et on a été jusqu'à lui reprocher l'excès même de son courage. Il est impossible cependant de ne pas rendre hommage à son extrême bravoure et à ses remarquables aptitudes militaires et surtout administratives.

Quoi qu'il en soit, le bénéfice de victoires si audacieusement remportées et si chèrement payées au prix du sang de Garnier et de ses compagnons d'armes ne tarda pas à être annihilé par le traité du 15 mars 1874, signé par M. Philastre.

Nous dûmes évacuer tous les points que nous occupions dans le Delta. Cette évacuation nous rendit la risée des puissances étrangères, anéantit notre prestige au Tonkin et en Cochinchine, et fut le signal du massacre et de l'émigration des chrétiens qui nous avaient protégés.

Quant aux avantages du traité, il est inutile d'en parler, puisqu'aucune de ses clauses ne fut exécutée.

Le meurtre et le pillage remplacèrent l'amnistie pleine et entière, qui avait été stipulée pour nos auxiliaires.

La navigation du fleuve Rouge, qui devait être ouverte à toutes les nations jusqu'aux frontières du Yun-Nan, fut interdite au-delà d'Hanoï comme par le passé.

Les rebelles continuèrent d'infester le pays, et les pirates d'infester les côtes.

Quant à la sécurité des étrangers, elle ne pouvait qu'être plus compromise encore que celle des indigènes.

Pour M. Dupuis, il avait été sacrifié et ruiné.

Du reste, on aura une idée du peu de cas que faisaient nos ennemis dudit traité en voyant Tu-Duc élever Lin-Vinh-Phuoc, le chef des Pavillons-Noirs, à la dignité de mandarin de première classe, et nommer Tam-Dong, le massacreur des chrétiens, commissaire royal des provinces maritimes.

Un pareil état de choses, qui n'aurait pas dû être toléré un seul instant, dura quelques années, au grand détriment de nos intérêts et de notre dignité. Notre situation en Extrême-Orient finit par s'en ressentir tellement, qu'il fallut bien abandonner cette politique d'hésitations.

Non content de laisser les Pavillons-Noirs, ses alliés, s'emparer des berges de toutes les rivières du Tonkin, à la condition qu'ils barrassent le passage aux embarcations européennes; non content de continuer à payer un tribut à la Chine, quand il s'était déclaré souverain indépendant, et de requérir l'intervention du vice-roi de Canton contre les bandes pillardes du Tonkin septentrional, quand il ne devait s'adresser qu'à la France en cas de révoltes ou de guerres intérieures, Tu-Duc méprisait encore ses autres engagements et ne cessait d'exciter contre nous l'esprit des populations du Cambodge et des frontières de Siam.

Notre situation s'aggravant donc de plus en plus, de vives et pressantes réclamations furent enfin adressées au roi Tu-Duc par le gouverneur de la Cochinchine.

La cour de Hué, prenant notre inaction pour de l'impuissance, n'en tint aucun compte. Alors M. le Myre de Vilers donna l'ordre au commandant Rivière de se rendre au Tonkin pour y étudier l'établissement d'un poste fortifié à l'embouchure de la rivière Claire.

Rivière partit le 25 mars 1882. Il emmenait sur *le Drac* et *le Perceval* deux compagnies d'infanterie de marine, vingt tirailleurs saïgonnais, trente matelots et quelques artilleurs.

Notre concession d'Ha-Noï possédait déjà trois canons et deux compagnies d'infanterie de marine commandées par le chef de bataillon Berthe de Vilers.

L'arrivée de Rivière et de sa petite troupe émut le

mandarin, qui vint demander dans quel but ce renfort était venu à Ha-Noï. Rivière lui signala les méfaits des Pavillons-Noirs contre les déprédations desquels Tu-Duc déclarait ne pouvoir rien faire. Dès lors, c'était à la France qu'incombait le devoir de protéger ses nationaux, ses voyageurs, et de prêter son concours à son allié.

Les mandarins se mirent aussitôt sur la défensive et réunirent dans la citadelle d'Ha-Noï des forces considérables. Des bruits de guerre ne tardèrent pas à circuler. Rivière alla demander des explications au sujet des vexations dont ses officiers avaient été victimes. On lui répondit évasivement et il s'aperçut qu'on le prenait pour dupe.

Malheureusement le commandant français, comme jadis Garnier, ne disposait que de forces absolument insuffisantes. Les mandarins ne s'en montrèrent que plus arrogants, et les choses furent poussées si loin que, pour assurer la sécurité, Rivière dut, après un utilmatum resté sans réponse, s'emparer de vive force de la citadelle d'Ha-Noï.

Le bombardement commença à huit heures du

matin, et à onze heures la citadelle était prise et l'ennemi en fuite.

Tu-Duc, tout en ayant l'air de donner tort aux mandarins, qui, par leur attitude, avaient justifié l'attaque des Français, donna secrètement aux gouverneurs des autres provinces l'ordre de se fortifier de leur mieux, et fit recruter des troupes dans le Yun-Nan, sous le prétexte de combattre les Pavillons-Noirs, tandis qu'en réalité il prenait ces derniers également à sa solde. Enfin, les Chinois, appelés secrètement par lui, envahirent le Tonkin.

Menacé de voir couper ses communications avec la mer, Rivière dut s'emparer de Nam-Dinh (27 mars), puis occuper la position d'Hong-Hay, dans la baie d'Along.

Malgré son activité dévorante, Rivière et sa petite troupe ne pouvaient être partout à la fois, et les soldats ennemis étaient en nombre considérable. Le commandant avait beau les écraser dans un endroit, ils reparaissaient dans un autre. C'étaient des alertes incessantes.

Chaque jour, le pays entier, la ville d'Ha-Noï

elle-même, étaient le théâtre d'incendies et de
pillages qu'on ne pouvait empêcher. L'audace des
brigands augmentait avec l'impunité dont ils jouis-
saient.

Lin-Vinh-Phuoc, le chef des Pavillons-Noirs, alla
jusqu'à faire afficher sur la porte de la citadelle une
proclamation insultante. La position n'était plus
tenable.

Certes, ce n'était pas avec la poignée de braves
dont il disposait que Rivière pouvait songer à prendre
Son-Tay et Bac-Ninh, mais il résolut au moins de ne
pas se laisser bloquer dans Ha-Noï. C'est ainsi qu'il
décida la sortie du 19 mai, qui fut dirigée sur Phu-
Hoaï, repaire des bandits, qui, chaque jour, venaient
harceler nos troupes et piller la ville

Je ne vous raconterai pas toutes les péripéties de ce
combat où nos soldats, qui, vu leur petit nombre,
n'avaient pu suffisamment s'éclairer sur leurs côtés,
furent assaillis à l'improviste par des troupes cachées
derrière des bambous et dix fois plus nombreuses que
les nôtres.

Les forces de l'ennemi, ce jour-là, se composaient

de Pavillons-Noirs et de réguliers rouges, commandés et dirigés par des Européens sur la nationalité
desquels il n'y avait pas à se tromper.

Je me contenterai de vous rappeler qu'après avoir
chassé l'ennemi devant eux, et avoir pris plusieurs
villages fortifiés, les nôtres durent se replier devant
le nombre toujours grossissant de leurs adversaires
et le chef de la colonne française, Berthe de Villers,
ayant eu le ventre traversé par une balle.

Menacé d'être tourné et enveloppé par des forces
considérables, Rivière dut se décider à donner le
signal de la retraite. Malheureusement, un des canons
du *Villars*, sous l'impulsion d'un mouvement de
recul, venait de rouler dans la rizière.

Le commandant ne veut pas qu'il reste à l'ennemi.
Un des cheveaux de l'attelage tombe frappé à mort.
On le dételle, et les hommes se mettent à tirer à la
bricole.

L'ennemi n'est plus qu'à 100 mètres ; presque tous
ses coups portent. Le lieutenant Brisis est tué, l'enseigne Le Bris blessé à la cuisse, M. Clerc, officier
d'ordonnance, est atteint au bras. Plusieurs hommes

tombent, les autres se troublent. Rivière, pour donner l'exemple, se met à pousser à la roue, pendant que
M. de Marolles court établir un échelon de retraite
pour arrêter l'ennemi.

Mais il est dit que ce canon doit nous coûter le plus
pur de notre sang. L'aspirant Moulun, qui, lui aussi,
pousse à la roue, a la tête fracassée par une balle.
M. Ducorps, qui le remplace, a le pied traversé.
Enfin, Rivière tombe à son tour ; il se redresse, tombe
une seconde fois, mais pour ne plus se relever.
Comme sa tête avait été mise à prix, les Chinois
accourent en foule, le décapitent, lui coupent les
mains.

Que vous dirai-je de plus? cette fatale journée
nous coûtait ving-neuf tués et cinquante-quatre
blessés.

Le canon, qui avait été l'unique cause de la perte
de l'élite de nos officiers, fut sauvé et notre colonne
revint à Ha-Noï. Nos soldats, à peine rentrés, furent
bloqués dans la concession, où ils se maintinrent
contre toutes les attaques dont ils furent l'objet, mais
d'où ils durent assister, impuissants à les réprimer,

au pillage et à l'incendie de la ville, qui durèrent trois jours et trois nuits.

La tête de Rivière et celles des vingt-sept compagnons qui étaient tombés à ses côtés furent promenées, au bout de piques, dans tout l'Annam, comme trophées de victoire.

Quelques mois après, on les retrouvait enfouies sous le sol d'une route, où le pied de chaque passant pouvait les fouler. Celle de Rivière était enduite de vernis et renfermée dans une boîte en laque ; les autres étaient jetées dans ces paniers d'infamie où les Chinois ont l'habitude d'exposer les têtes des criminels.

On a répété souvent que la vie fournissait parfois des contrastes et des dénouements bien autrement dramatiques que tous ceux que peuvent inventer les romanciers les plus féconds. Nous en avons ici un nouvel exemple.

Un matin, M. Charles Brun, ministre de la marine, venait de signer le décret nommant Rivière commandant en chef de toutes les forces du Tonkin, et, le soir même, il recevait une dépêche lui annonçant sa mort.

Embarquement des zouaves, à Alger.

Ce que ni l'incendie, ni le pillage des chrétientés, des villes placées sous notre protectorat, ni le massacre des missionnaires, ni le mépris des traités les plus solennels n'avaient pu faire, l'insulte à nos armes devait le réaliser.

A la nouvelle de la mort de Rivière, éclatant comme une bombe au milieu d'une tranquilité trompeuse, la France s'émut et sortit enfin de son apathie; et le soir du 26 mai 1883, nos braves soldats recevaient, au-delà des mers, cette courte mais noble dépêche :

« La France vengera ses glorieux enfants. »

L'amiral Meyer, commandant des mers de Chine, vint aussitôt mouiller dans la baie d'Along. Le général d'infanterie de marine Bouët, qui était à Saïgon, reçut l'ordre d'aller prendre le commandement du corps expéditionnaire, dont l'effectif, avec les renforts venus de France, allait être porté à 5,000 hommes. Enfin l'amiral Courbet était placé à la tête d'une division navale créée d'urgence pour opérer au Tonkin, et M. Harmand, l'ancien compagnon de Garnier, était nommé commissaire général, pour administrer les provinces occupées.

Le premier soin de l'amiral Meyer fut de réunir les troupes qui se trouvaient par trop disséminées. Il fit évacuer Hong-Haï et Quing-Hoa, ce qui lui permit de renforcer la garnison d'Ha-Noï.

Le général Bouët s'occupa ensuite de fortifier Haï-Phong et Ha-Noï, et les mit en état de repousser victorieusement les attaques dont elles furent l'objet.

Pendant ce temps, le lieutenant-colonel Badens se maintenait dans Nam-Dinh et opérait d'heureuses sorties tout autour de cette ville, entre autres dans la journée du 19 juillet où sa colonne enleva les positions de Pho-Mi-Trong, de la pagode des Mandarins, et culbuta partout l'ennemi, en lui infligeant des pertes qui s'élevèrent à plus de mille hommes tués, au nombre desquels se trouvèrent cinq hauts fonctionnaires, dont deux généraux. Aussi, le mandarin Cham-Linb-Binh, qui commandait en chef, fut-il exécuté pour s'être laissé battre.

Sur ces entrefaites, et au moment où l'amiral Courbet arrivait avec sa division navale dans les eaux du Tonkin, le roi de l'Annam, Tu-Duc, mourait, le

17 juillet. Comme il ne laissait pas d'enfant, il avait désigné pour son successeur Duc-Duc, son neveu. Mais la reine-mère et le grand conseil ne ratifièrent pas ce choix, et, après un règne de deux jours, il se vit privé de sa couronne au profit d'Hiep-Hoa, frère cadet utérin de Tu-Duc, qui monta sur le trône le 30 juillet 1883.

Comme cet événement ne modifiait en rien les agissements de la cour de Hué, le général Bouët recommença les hostilités dès le 15 août. Malheureusement, une forte crue du Song-Koï vint arrêter sa marche en avant, après la prise de la redoute de Phu-Hoaï. Mais, quelques jours après, il reprit l'offensive, et infligea une terrible leçon aux Pavillons-Noirs, en leur enlevant, après deux jours de combats meurtriers, la fameuse digue et le village fortifié de Palan, qui, situé au confluent des deux bras du fleuve, à environ 30 kilomètres d'Ha-Noï et à 6 de Son-Tay, allait constituer un poste avancé de la plus grande importance, au point de vue des futures opérations contre cette dernière ville.

Au même moment, l'amiral Courbet forçait le passage de la rivière de Hué, et imposait à l'Annam le traité du 25 août, dont vous me parliez tout à l'heure.

III

UN ANIMAL PATRIOTE. — LES CORMORANS

LES PAVILLONS-NOIRS

Le lieutenant en était là de son récit, quand, s'arrêtant tout à coup, l'officier dit à son jeune compagnon, en lui montrant une des rizières qu'ils côtoyaient :

— Mon cher Olivier, faites attention à ce buffle qui va sortir du sillon bourbeux qu'il est en train de labourer.

Cet animal, avec sa tête stupide et volumineuse, ses cornes lourdes et puissantes, ses jambes basses et massives, ses sabots évasés, ses flancs épais et sa peau glabre, n'est pas seulement une bête disgracieuse, c'est aussi un animal redoutable pour tout Européen qui l'approche.

Voyez quels regards injectés de sang et furieux celui-ci jette sur nous, et comme ses naseaux fument de colère ! Si nous avancions, il se précipiterait sur nous.

Quant à son gardien qui, malgré ses salutations respectueuses, ne paraît pas s'apercevoir du danger qu'il nous fait courir, et qui ne serait peut-être pas fâché de nous voir écharpés, je vais le rappeler au sentiment du devoir.

Le lieutenant, tirant alors son revolver, en dirigea tranquillement le canon vers l'Annamite, tandis que, de l'autre main, il lui désignait silencieusement le buffle.

Cette pantomime eut tout le succès désiré : l'indigène, sortant de sa torpeur apparente, s'élança aussitôt de sa rizière et se mit à rouer de coups de rotin l'animal, qu'il força, non sans peine, à rebrousser chemin.

— Mon cher enfant, ajouta le lieutenant en reprenant sa marche, voilà l'un des moindres dangers que vous courrez, chaque jour et à chaque pas, dans ces campagnes, que des milliers d'agriculteurs ne cessent de labourer en tous sens.

Je vous ai montré la manière de le conjurer, et

quand il y a un Annamite, ce moyen est infaillible. Mais si le buffle est seul, le péril devient très réel, et d'autant plus à redouter, qu'on finit, à force de s'y être exposé, par ne plus y faire attention, et qu'un jour ou l'autre on se trouve surpris et victime de sa négligence.

— A les voir, cependant, ces animaux paraissent plus laids que dangereux.

— Ne vous y fiez pas !

Les Tonkinois prétendent que leurs buffles sont dociles et bien dressés, qu'ils obéissent à la voix — vous avez pu en juger tout à l'heure ! mais qu'ils s'effraient facilement à la vue d'un animal dangereux, tel qu'un serpent.

Ce qu'il y a de certain, et ce qui nous intéresse le plus, c'est que la vue d'un Européen les exaspère.

— Les mouches aussi ont le privilège de les rendre furieux, mais c'est lorsqu'elles s'acharnent après eux et qu'elles les saignent cruellement de toutes parts.

Quoi qu'il en soit, les buffles rendent de grands services aux indigènes, qui, malgré le mauvais état des digues, leur font exécuter des transports de 25 à

30 kilomètres par jour, à la condition toutefois d'avoir de l'eau à leur fournir en abondance. Ce besoin est tellement impérieux qu'on a vu des buffles, malgré les coups de rotin les plus solidement appliqués, ne pouvoir résister à l'envie de se plonger dans les mares les plus bourbeuses que le hasard leur faisait rencontrer, ce qui ne laisse pas que de présenter certains inconvénients pour les bagages et aussi pour les voyageurs.

— Décidément, vos buffles du Tonkin ne valent pas alors les bœufs trotteurs de Cochinchine, dont l'allure charmante, douce et craintive, ne leur permet pas moins de fournir en deux traites des courses longues de 80 kilomètres, et qui, à la halte, se contentent d'un peu d'eau et d'herbe qu'ils vont chercher eux-mêmes, sans qu'il soit besoin de les entraver.

Mais j'y songe, mon cher parrain, étant connu l'amour de vos ruminants pour la boisson, ce n'est pas après ma chétive personne qu'en avait le buffle que nous venons de rencontrer, mais bien après votre gourde, dont il enviait sans doute le contenu.

— Mauvais plaisant ! ne vous moquez point de ma

gourde. Car, si petite qu'elle soit et de si piètre apparence qu'elle vous paraisse, elle n'en contient pas moins quelque chose de plus précieux que l'or, c'est-à-dire l'élixir de vie de bien des gens peut-être.

— Vous m'intriguez singulièrement. Votre gourde serait-elle donc un talisman, comme la lampe d'Aladin qui, elle aussi, si j'ai bonne mémoire, cachait sous d'humbles apparences sa merveilleuse puissance?

— Peut-être bien ! Et comme j'ai hâte de vous fixer à cet égard et de la consulter sur des choses qu'elle seule peut m'apprendre, quand nous serons loin des curieux, hâtons le pas, je vous prie.

— Avec tout cela, mon cher parrain, vous m'avez parlé de tout le monde excepté de vous-même.

Et votre modestie dût-elle en souffrir, permettez-moi de vous demander où vous étiez et ce que vous faisiez pendant les événements que vous venez de me raconter?

— J'ai peu de choses à vous apprendre. Parti de Cochinchine avec les derniers renforts, je venais d'arriver à Haï-Phong, quand ma compagnie fut désignée presque aussitôt pour faire partie de la colonne qui, sous les ordres du lieutenant-colonel Briouval, devait marcher sur Haï-Dzuong.

Cette ville, qui compte quarante mille habitants, est située sur le Thay-Binh, à égale distance d'Haï-Phong et d'Hanoï. Sa citadelle passe pour l'une des mieux placées et des plus solides du Tonkin. Balny d'Avricourt s'en était emparé par un audacieux coup de main, en 1873, mais on avait dû l'évacuer en vertu du fameux traité de 1874.

Comme c'était un point stratégique de première importance, pour faciliter les communications entre Ha-Noï et Haï-Phong, le lieutenant-colonel Briouval partit de cette ville à la tête de trois cents hommes, et, secondé par les canonnières *la Carabine* et *le Yatagan*, parvenait à s'en emparer, le 22 août, après un brillant combat. Nous trouvâmes dans la citadelle cent cinquante canons et un demi-million en argent.

Mais nous devions y trouver aussi, ajouta l'officier. les restes atrocement mutilés de quelques-uns de nos frères d'armes qui avaient été surpris et enlevés plusieurs jours auparavant.

Nos soldats venaient de pénétrer dans la citadelle, quand, arrivés dans une cour centrale, au milieu de laquelle s'élevait une pagode, ils reculèrent d'horreur à la vue d'un horrible spectacle.

En face d'eux, à gauche et à droite d'une porte, sur d'énormes crocs, scellés dans le mur d'enceinte, étaient accrochés des débris informes de chair humaine exhalant une odeur infecte, et que déchiquetaient des milliers de corbeaux.

Après avoir chassé ces hideux oiseaux de proie, on put reconnaître aux lambeaux d'uniformes qui les recouvraient les tristes restes de nos malheureux compatriotes, qui, faits prisonniers, avaient été condamnés au supplice du croc, dont voici la courte, mais terrible simplicité.

Après avoir lié les pieds et les poings de la victime, on lui ramène les cuisses sur la poitrine, puis on lui attache les bras par-dessus les jambes ainsi ployées. Sous les genoux, on passe un morceau de bambou, aux deux extrémités duquel sont fixés deux morceaux de corde venant se rejoindre pour ne plus en former qu'une. Cette dernière glisse dans une poulie mobile. qui est suspendue à une potence fixée au-dessus de chaque griffe.

A un signal donné, la victime est hissée et maintenue à plusieurs mètres au-dessus de la pointe du croc. Puis, à un autre signal, la corde est lâchée brusquement, et le corps. par son propre poids. vient s'enfoncer dans la pointe ; suivant la vitesse de la chute, et la partie qui est perforée. suivant enfin l'adresse du bourreau, la victime peut mourir de suite, ou vivre ainsi, un ou plusieurs jours. en proie aux plus atroces douleurs.

Ajoutez à cela les ardeurs d'un soleil tropical et les coups de becs des gros corbeaux qui déchirent le corps pantelant de la victime qui ne peut se défendre, et se repaissent des lambeaux sanglants de sa chair encore vivante. et vous n'aurez qu'une faible idée des horribles tortures qu'avaient endurées nos pauvres camarades, et qui étaient réservées à tous ceux d'entre nous qui tomberaient vivants entre les mains de ces barbares.

Et comme le jeune homme, dans son indignation et sa stupeur, ne pouvait retenir un geste de dénégation involontaire, le lieutenant ajouta :

— Oui, je le sais, cela semble trop horrible pour être vrai ! Le souvenir de cette scène ne sortira jamais de ma mémoire, et le souvenir hideux de ces crocs hante mes nuits d'insomnie. Quand j'y songe, bien qu'éveillé, je me crois la proie d'un horrible cauchemar.

Mais si le simple récit d'une pareille cruauté suffit pour bouleverser le cœur humain, pensez à l'émotion qu'on doit éprouver en face de la réalité, et à la soif inextinguible de vengeance qui remplit l'âme la plus tendre en présence de pareilles atrocités.

Rien que d'y penser le cœur se serre, la tête s'alourdit, un nuage de sang vous passe devant les yeux, et l'imagination rêve, un instant, les plus épouvantables et les plus excécrables représailles.

Tenez, mon cher enfant, ne parlons plus de cela.

Quelques jours après la prise de Haï-Dzuong, nous apprenions la prise de Hué et le traité de paix qui en était la conséquence. Depuis cette époque, nous occupons Haï-Dzuong, dont la citadelle est en grande partie démantelée. Il ne reste plus d'à peu près tenable qu'un réduit qui est occupé par quelques Français et une cinquantaine de miliciens tonkinois commandés par le sergent-major Greschwind.

Quant à moi, et sous les ordres du capitaine Bertin, j'occupe avec une centaine d'hommes d'infanterie de marine et cinquante miliciens un fortin situé au confluent du Thay-Binh. Le fortin se compose d'une petite pagode et de plusieurs bâtiments, entourés d'un mur que nous avons crénelés.

Cette situation nous permet de communiquer directement avec la rivière, dont nous surveillons en même temps le passage.

C'est là que vous m'avez trouvé hier.

— Mon cher parrain, je vous demande pardon de vous interrompre, dit à ce moment le jeune homme, mais pourriez-vous me dire ce que peut bien faire cet indigène que j'aperçois au milieu du fleuve, et qui, de temps à autre, semble donner à manger à des oiseaux, dont les uns voltigent ou plongent dans l'eau, tandis que les autres restent tranquillement perchés à côté de lui?

— Ça, répondit l'officier en désignant du doigt l'homme en question, mais c'est tout simplement un pêcheur.

— Comment, un pêcheur ?

— Mon Dieu, oui. Reportez-vous par la pensée à une dizaine d'années en arrière, et rappelez-vous les charmantes promenades que votre excellent père nous faisait faire aux environs de Santec, où il avait une petite maison de plaisance. Partant dès le matin dans un des canots du père Perron, pilote n° 3, nous allions errer, à notre fantaisie, dans tous ces petits îlots de rochers aux formes pittoresques dont la flore et la faune maritimes sont si abondantes et si variées.

Dans ces excursions, nous rencontrions souvent, tantôt perché sur quelque pierre frangée d'écume, tantôt appuyé sur sa queue en guise de canne et debout sur quelque îlot de sable découvert par la marée, un grand oiseau, au noir plumage qui, à notre approche, prenait son vol en poussant un cri aigu.

— C'était un cormoran.

— Parfaitement. Comme il semble triste et recherche la solitude, les gens qui jugent sur les simples apparences lui ont donné chez nous le sobriquet de *philosophe*. Mais, pour les observateurs sérieux, il suffit de regarder son œil d'un bleu pâle, et sa structure générale, pour constater que la tristesse et la mélancolie n'ont rien à voir dans ses allures.

La contemplation n'est pour rien dans l'immobilité qu'il garde pendant des heures entières et dans le regard qu'il fixe sur les lames qui viennent se briser devant lui.

C'est tout simplement un oiseau fort et courageux, un rapace enfin, qui ne s'isole que pour mieux chasser; et s'il reste immobile, c'est qu'il digère ou guette sa proie.

En effet, on le voit tout à coup plonger, disparaître pendant quelques minutes, et revenir à la surface tenant un poisson dans son bec, dont le bout se termine en crochet comme un hameçon. Puis il lance sa proie en l'air pour la recevoir, la tête en avant dans son vaste gosier, agite les plumes de sa queue en signe de joie et recommence.

On ne peut avoir une idée du nombre considérable de poissons qu'il dévore ainsi. Un pareil savoir-faire devait naturellement attirer l'attention de ceux qui avaient pu en être témoins. Il n'est donc pas étonnant de voir certains peuples chercher, à différentes époques, le moyen d'asservir cet oiseau si habile pêcheur.

Ce furent les Chinois qui, les premiers, surent tirer parti des aptitudes spéciales du cormoran. Au XVIe siècle, les Hollandais introduisirent ce genre de pêche en Europe, l'Angleterre et la France l'adoptèrent ensuite. Mais c'était un divertissement que seuls les rois et les grands seigneurs pouvaient se permettre. C'est ainsi que nous voyons Louis XIII en divertir sa mélancolique enfance, Louis XIV le pratiquer comme un piquant contraste avec ses royales et somptueuses distractions, et Louis XV le goûter au simple point de vue pittoresque et champêtre. Ce qu'il y a de certain, c'est que la charge de *garde des cormorans du roi* existait encore en 1736.

Certes, je ne puis être soupçonné d'une bienveillance outrée pour les Chinois, mais savoir rendre justice à ses ennemis, ce n'est que faire preuve d'équité et de bon sens; eh bien, plus j'ai l'occasion de les apprécier, et plus je trouve que l'on se montre ridiculement injuste à leur égard.

Les Chinois sont sobres, intelligents, travailleurs, et, pour me servir d'une locution usuelle, qui se retourne ici contre ceux qui l'emploient, ils avaient, en définitive, *inventé la poudre* bien avant que nous n'y ayons seulement songé.

Enfin, pour nous borner à ce qui nous occupe, je ne puis m'empêcher de constater que, pendant que les *spirituels* Européens ne trouvaient dans la pêche faite à l'aide de cormorans qu'un plaisir royal et coûteux, ces *imbéciles* de Chinois s'en faisaient un moyen facile, économique et pratique de s'approvisionner de grandes quantités de poissons destinés à l'alimentation publique.

Regardez-moi ce pêcheur, il est assis sur deux planches, reliant deux petits bateaux d'un pied de largeur sur trois de longueur, et qui rappellent nos *périssoires*. Autour de lui sont groupés une vingtaine d'oiseaux, le cou garni d'un collier de rotin pour les empêcher d'avaler le poisson.

Voyez, tous ces oiseaux plongent dans l'eau, cherchent leur proie, et dès qu'ils reparaissent, après l'avoir saisie, leur maître leur tend une longue perche sur laquelle les cormorans remontent. Le pêcheur étend la main, prend le poisson qu'il jette dans une réserve et récompense l'oiseau par un petit morceau de poisson coupé auquel le collier peut laisser passage.

Ces animaux sont tellement intelligents que lorsque l'un deux s'est emparé d'une proie qu'il ne pourrait enlever à lui seul, les autres viennent lui prêter assistance.

— Mais alors, reprit le jeune homme, ce pêcheur doit gagner facilement sa vie et devenir promptement riche.

— Vous oubliez la concurrence, la terrible concurrence, qui se fait sentir ici encore plus peut-être qu'en France ! Regardez autour de vous, la rivière est couverte de bateaux, qui servent non seulement de moyens de transport, mais aussi d'habitations.

— C'est vrai ! et je remarque que vos Tonkinois emploient les rames ; tandis que généralement en

Cochinchine. au Laos et au Cambodge, on se sert presque uniquement d'une espèce de gaffe.

— On s'en sert ici également, mais les Tonkinois préfèrent employer l'aviron, qu'ils manœuvrent comme une pagaie, debout, face à l'avant, agissant surtout avec le poids du corps. Vigoureusement mené par le mari et la femme, celle-ci actionnant au besoin le gouvernail avec son pied nu, un *sampan* peut fournir des courses de dix à douze heures par jour sans que le batelier prenne d'autre nourriture que quelques poignées de riz ou un peu de poisson salé, et sans autre excitant que l'éternelle chique de bétel.

Ces légères et gracieuses embarcations sont le plus souvent en bois de *sao*. D'autres bateaux plus grands ont la quille en bois de sao, la membrure en *bin-lin* ou en *yao*, et les bordages assemblés, calfatés d'écorces et enduits de l'oléo-résine des diptérocarpées.

Les avirons sont en *ban-lang*, bois élastique qu'on peut comparer au frêne de nos pays. Les voiles sont fabriquées avec les jeunes feuilles de palmier.

Les haubans et tout le gréement sont en rotin, en fibres de coco ou en bambou.

Toutes les embarcations sont invariablement décorées à l'avant, des deux gros yeux, peints ou sculptés avec soin, qui leur donnent une sorte de physionomie vivante, et sans lesquels elles ne sauraient, paraît-il, éviter les dangers et les périls de la navigation.

Du reste, vous ne pouvez vous faire une idée du charme particulier qu'offre la navigation, quand, horizontalement étendu sous le dôme de bambous et de feuillage de palmier qui recouvre ces embarcations, on pénètre dans certains de ces innombrables canaux et arroyos, dont les rives resserrées sont couvertes d'une puissante végétation. Bambous, sycomores, banias, penchent leurs branches sur l'eau, ou les courbent en arceaux, tandis que leurs troncs sont enchevêtrés de roseaux, de palmiers d'eau et d'une foule de plantes grimpantes.

Voyagez-vous par une belle nuit ? A ce ravissant spectacle viennent s'ajouter les innombrables lucioles, qui allument et éteignent leurs flambeaux au milieu du noir feuillage.

— Savez-vous. mon cher parrain. qu'une pareille description est loin de me faire regretter d'être venu ici.

— Parce que vous ignorez que ce beau paysage est gâté par une foule d'inconvénients, dont je ne vous citerai que les trois principaux : les serpents, les tigres et les Pavillons-Noirs.

Les serpents, on en rencontre partout ; mais, comme généralement ils fuient l'approche de l'homme on peut, à la rigueur, éviter leurs mortelles morsures, si on ne les réveille point brusquement en marchand dessus.

Les tigres, on n'en rencontre pas tous les jours, et pourvu qu'on soit en compagnie d'un indigène, il y a des chances pour que vous échappiez encore ; car on a remarqué qu'ils étaient moins friands de la chair des Européens que de celle des Annamites et qu'ils attaquent ceux-ci de préférence.

Malheureusement, il n'en est pas de même des Pavillons-Noirs qui, avant tout, préfèrent... la tête d'un Européen.

— Que sont donc, en réalité, ces fameux Pavillons-Noirs, dont on parle tant?

— Les Pavillons-Noirs ne sont autre chose que les débris des anciens rebelles chinois, dit Taï-Ping, qui, après leur défaite irrémédiable en Chine, vinrent se réfugier au Tonkin, où ils vivent de brigandage et de piraterie.

Avant notre arrivée, ils portaient une cuirasse faite d'ouate très épaisse et très résistante, et n'étaient armés que de flèches et d'une longue lance à pointe carrée. Mais depuis, la cour de Hué, qui les a pris à son service, leur a donné des remingtons, dont ils se servent avec la plus grande habileté.

Du reste, voici, en deux mots, leur histoire.

Vers l'année 1865, les mandarins des provinces du Kouang-Si et du Kouang-Tong finirent par écraser l'insurrection des Taï-Ping, qui désolait leur territoire depuis 1849.

Un des principaux chefs révoltés parvint cependant à s'échapper et à pénétrer dans le Tonkin, à la tête d'une bande d'environ quatre mille hommes, composée de deux troupes principales : l'une de Pavillons-Noirs et l'autre de Pavillons-Jaunes.

Les Annamites, vassaux du Céleste-Empire, de-

mandèrent aide et assistance à la Chine, qui leur
envoya dix mille hommes, devant lesquels les révoltés
durent se retirer encore et remonter le fleuve Rouge,
jusque dans les régions habitées par les sauvages
indépendants.

Ce chef étant mort, ses deux lieutenants se sépa-
rèrent, et, en 1868, Lieou-Yuen-Fon, commandant
les Pavillons-Noirs, s'établit à Lao-Kaï, tandis que
Hoang-Tsong-In, chef des Pavillons-Jaunes, s'instal-
lait à Ho-Yang, sur la rivière Claire. Puis, en gens
pratiques, ils se disséminèrent le long des rivières
et des fleuves, et construisirent, dans les endroits
les plus favorables, des postes fortifiés qui leur
servirent à la fois de refuges et de bureaux de
péages.

Comme tous les transports de riz se font, au Tonkin, par les voies fluviales, il suffisait aux Pavillons
des deux couleurs, pour vivre tranquillement et
grassement, d'arrêter les barques au passage et de
prélever un impôt d'un dixième environ sur chaque
chargement.

Les premiers marchands continuaient leur route,

mais ils ne tardaient pas à voir leur navigation arrê-
tée de nouveau, quelquefois à plusieurs reprises. Cette
fois, c'étaient les mandarins annamites qui leur impo-
saient cette contribution aussi lourde qu'inique. On
peut se faire une idée de ce que pouvait être un commerce sur lequel pesaient de pareilles exactions. La
navigation s'en ressentit naturellement.

Les mandarins, voyant les convois, c'est-à-dire le
plus clair de leurs revenus, diminuer, cherchèrent
à se débarrasser de leurs concurrents. Ils commencèrent par exciter les bandits les uns contre les
autres, et s'allièrent avec les Pavillons-Noirs pour
disperser les Pavillons-Jaunes, ce qui eut lieu facilement.

Mais une fois débarrassés de leurs anciens compagnons et adversaires, les Pavillons-Noirs devinrent,
pour les Annamites, des parasites impossibles à
chasser. Les mandarins n'ont donc rien gagné à ce
nouvel état de choses, seulement, lorsqu'ils ont
quelques mauvais coups à faire, ils en chargent les
Pavillons-Noirs.

C'est ainsi que nous les voyons jouer le principal

rôle dans les combats que durent livrer Garnier et Rivière, et dans ceux que nous avons livrés, et que, je le sens, nous livrerons encore.

Maintenant, mon cher enfant, vous devez comprendre quel soulagement ce serait pour la population tonkinoise, véritablement indigène, de voir notre protectorat la délivrer, d'abord de la piraterie des Pavillons-Noirs, et ensuite des exactions des mandarins annamites, que la cour de Hué leur impose comme gouverneurs.

Mais vous devez comprendre aussi que, pour les mêmes raisons, nous avons contre nous : les pirates, que nous voulons chasser ; — le gouvernement et les mandarins annamites, qui se voient privés dans l'avenir de leurs redevances arbitraires : — le Céleste-Empire, sur le territoire duquel nos canonnières pourraient désormais entrer trop facilement par la voie du fleuve Rouge ; — et enfin, plus ou moins ouvertement, l'Allemagne, qui veut entraver notre relèvement, et la jalouse Angleterre, dont la puissance coloniale n'a rien à gagner à notre voisinage, et qui cherche en vain, depuis si longtemps, un chemin qui puisse la conduire au cœur de la Chine.

La conséquence de tout ce qui précède est que vous conviendrez, avec moi, que notre présence ici gêne les intérêts de trop de gens, pour qu'on nous y laisse en repos. Voilà pourquoi je ne crois pas à la paix et au respect des traités conclus.

Pour en finir tout de suite, sans avoir à y revenir sans cesse, comme nous le faisons depuis dix ans, il faudrait que la France envoyât au Tonkin une dizaine de mille hommes. On pourrait ainsi occuper les places importantes conquises sans trop affaiblir les colonnes d'attaque, et on écraserait les pirates qu'on poursuivrait sans leur laisser un moment de répit. En peu de temps, la guerre serait bien réellement finie, et la paix pourrait être solidement établie.

Au lieu d'agir ainsi, on s'entête à vouloir n'envoyer au Tonkin que des renforts insignifiants, qui ne servent qu'à boucher les vides faits par l'ennemi et la maladie.

On hésite, on a l'air de ne pas savoir ce que l'on veut. Eh bien ! mon ami, ceci est le pire de toutes les choses : car, ainsi que le disait le cardinal de

Retz : « On ne va jamais si loin que lorsqu'on ne sait pas où l'on va. »

Dieu me garde de jouer le rôle de Cassandre. Mais on conviendra aisément que nous sommes ici infiniment trop peu nombreux pour en imposer sérieusement aux Annamites, aux pirates et aux Chinois.

Tous ces gens-là ne croient qu'à la force brutale, ce qui n'a rien d'étonnant dans un pays où toute peine se résume par un nombre plus ou moins grand de coups de rotin appliqués à tout le monde sans exception. Depuis le roi qui donne la bastonnade, sans la recevoir, jusqu'au bufile qui la reçoit sans la donner, il n'est personne qui, dans ces bienheureuses contrées, n'entende siffler le rotin à ses oreilles soit pour son propre compte, soit pour le compte d'autrui.

Aussi, notre inaction passant pour de la faiblesse, nous n'inspirons plus ni terreur à nos adversaires, ni confiance à ceux qui pourraient devenir nos auxiliaires. Et pendant qu'on négocie, l'ennemi profite du temps qu'on lui accorde, pour se préparer, se concentrer, se fortifier. Qui sait si un jour, comme Garnier et Rivière, nous ne finirons pas par être accablés par le nombre.

Ne serait-il pas plus pratique, plus patriotique, plus profitable enfin à tous les points de vue, de songer plutôt à nous aider maintenant, que de penser à nous venger plus tard.

IV

LA GOURDE MYSTÉRIEUSE. — L'AMIRAL COURBET

PRISE ET TRAITÉ DE HUÉ

En discourant ainsi, nos deux interlocuteurs pénétraient dans la ville, et arrivaient sur une grande place où se tenait le marché. Les Annamites avaient déjà étalé leurs denrées, les plus alertes s'étaient placés à l'abri sous les palmiers, tandis que les autres restaient en plein soleil sans en paraître trop gênés.

Parmi les amas de provisions circulaient des soldats français, riant, plaisantant, cherchant à se faire comprendre par une pantomime aussi expressive qu'amusante. Les marchands indigènes faisaient de leur mieux pour s'entendre avec leurs clients, et leurs rires joyeux indiquaient à la fois un caractère jovial et un esprit prompt à saisir le côté amusant et des hommes et des choses.

Là, se trouvaient réunis les produits les plus variés et les plus étranges. A côté du poisson séché et de la viande de caïman, d'un aspect repoussant, on voyait des poissons frais, des crevettes et des crabes d'une grosseur exceptionnelle, de magnifiques volailles, du riz, des patates, des ignames. Les fruits surtout étaient en grand nombre : tels que le mango, au goût de térébenthine, l'orante verte, la goyave, le litchi, l'ananas, la pomme cannelle, le mangoustan, qui cache sa pulpe blanche, fondante et sucrée, sous une enveloppe violacée.

Mais l'officier paraissait bien plus occupé à dévisager les marchands qu'à examiner leurs produits. Apercevant un sergent-major de son arme, il s'approcha vivement de lui, et lui dit à mi-voix :

— Dites-moi, Greschwind, il me semble qu'il y a plus de marchands aujourd'hui qu'à l'ordinaire.

— Ma foi, c'est vrai, mon lieutenant. Je ne l'avais pas remarqué. C'est que la confiance renaît.

— Croyez-vous ? fit l'officier d'un ton de doute qui fit tressaillir le sous-officier.

— Tenez, ajouta le lieutenant, regardez-moi ces

deux gaillards-là, à votre gauche. Ils ne ressemblent en rien à leurs voisins. Ils ont une tournure qui ne rappelle point la souplesse respectueuse des Tonkinois. Je ne serais pas étonné qu'avant d'entrer ici ils n'aient caché leurs armes dans quelques touffes de bambous. Ils ressemblent bien plus à des pirates déguisés qu'à d'honnêtes agriculteurs. Qu'en dites-vous?

— Vous pourriez bien avoir raison, mon lieutenant. J'ouvrirai l'œil et je doublerai les sentinelles ce soir.

— Vous ferez bien, Greschwind. Au revoir, mon ami.

Quelques instants après, les deux promeneurs faisaient leur entrée dans le petit fortin où le lieutenant avait son domicile.

A peine eut-il passé le seuil de la paillote qui lui servait de demeure, que l'officier commença par vérifier s'il n'était point épié par quelque oreille ou quelque œil indiscret, puis, soudain, au grand étonnement du jeune homme que toutes ces allures commençaient à intriguer, il lança brutalement sur le sol la petite gourde dont il avait fait l'emplette.

Au milieu des débris apparut aussitôt un petit morceau de papier, mince et souple comme de la soie, sur lequel étaient grossièrement tracés au pinceau les quelques mots suivants :

— Cette nuit la ville sera attaquée.

Après avoir, à plusieurs reprises, inutilement retourné le papier en tous sens pour y retrouver un supplément d'informations, le lieutenant courut prévenir le capitaine qui commandait le fortin de l'avis qu'il venait de recevoir.

Quelques minutes après, il était de retour, et, s'adressant au jeune homme qu'il avait si brusquement abandonné, il lui disait :

— Allons ! ce que j'avais prévu arrive. Mais les événements se sont encore plus précipités que je ne le pensais. Le commandant vient de m'apprendre que *la Carabine*, qui arrive à l'instant, était partie d'Haï-Phong au moment où se répandait la nouvelle que de fortes bandes de pirates descendaient des montagnes.

L'avis du potier nous fixe. Du reste, Haï-Dzuong devait être leur objectif pour bien des raisons.

Le pillage d'une ville aussi riche est d'abord une trop bonne aubaine pour qu'ils diffèrent de l'attaquer, au moment où notre garnison est trop faible pour la défendre.

C'est aussi le moyen de paralyser les mouvements de l'amiral Courbet, qui se dispose à marcher sur Son-Tay, en le forçant à diminuer son effectif, pour renforcer toute les villes menacées, et surtout la nôtre, qui assure ses communications avec Haï-Phong.

Vous voyez, mon cher Olivier, que mes craintes à votre égard n'étaient point exagérées, et que j'avais raison de regretter votre arrivée ici, vous qui n'êtes point un soldat.

Je n'ai plus qu'un conseil à vous donner, c'est de rester et de combattre avec nous, et surtout de vous souvenir que mieux vaut la mort reçue dans une lutte sans merci, que de tomber vivant entre les mains de ces exécrables bourreaux.

Le restant de la journée et une grande partie de la nuit s'écoulèrent sans que rien pût faire supposer que les craintes que l'on avait conçues dussent se réaliser.

Le capitaine avait depuis longtemps donné l'ordre

aux hommes d'aller se reposer, et, après avoir continué à veiller, il allait se retirer à son tour, quand, vers quatre heures du matin, la garnison du fortin fut réveillée en sursaut.

Des coups de feu se faisaient entendre au loin, tandis que d'immenses clameurs s'élevaient de la ville, où les premières lueurs d'incendie commençaient à paraître.

En quelques minutes, tout le monde fut sur pied, les hommes s'étant couchés tout habillés, et le capitaine donnait ses derniers ordres, quand retentirent les feux de la citadelle.

Puis, quelques secondes après, le canon de *la Carabine* réveillait les échos de l'arroyo, où la canonnière, arrivée de la veille, était allée s'ancrer, et indiquait qu'elle aussi était aux prises avec l'ennemi.

Seuls les abords du fortin paraissaient déserts. Cette tranquillité, au milieu de la conflagration générale, parut si suspecte au capitaine qu'il fit pointer un des canons sur un massif de bambous, qu'on voyait à peu de distance et qui pouvait receler une embuscade.

Deux Pavillons-Noirs prisonniers.

A peine l'obus eut-il éclaté au milieu du bouquet de verdure, que des cris de rage et de douleur se firent entendre, et qu'une fusillade acharnée couvrit de projectiles la muraille crénelée. Le capitaine était fixé. Le fortin était cerné par un ennemi nombreux, qui avait compté qu'en entendant les feux de la citadelle et de la cannonière, une petite partie de la garnison serait sortie pour aller à la découverte et serait ainsi tombée dans l'embuscade projetée.

L'ennemi, se voyant découvert et n'ayant plus rien à ménager, voulut s'élancer à l'assaut, mais il fut reçu de telle façon qu'il n'osa pas renouveler sa tentative. Toutefois, ce mouvement avait suffi pour donner au capitaine une idée du nombre de ses adversaires, qui devait s'élever à plusieurs milliers d'hommes, tant pirates que Pavillons-Noirs.

Le fortin était bien approvisionné en vivres et en munitions, renouvelées la veille encore par *la Carabine*. Ses ouvrages de défense étaient en bon état, et le capitaine pouvait compter sur sa troupe, composée d'une centaine d'hommes d'infanterie de marine et de cinquante miliciens. Il était donc assez tranquille pour ce qui le regardait personnellement.

Mais il n'était pas sans se préoccuper de la situation de *la Carabine*. Ce bâtiment était en effet la plus petite des chaloupes-canonnières de la division navale du Tonkin. Elle n'était armée que d'un canon de 14 centimètres, et son équipage ne se composait que de vingt-six hommes commandés par le lieutenant de vaisseau Bauër.

Le peu de largeur de l'arroyo, où elle était ancrée, devait permettre à l'ennemi de tirer sur elle presque à bout portant.

Mais, en pensant qu'en définitive la canonnière pourrait toujours, sauf avarie grave, se retirer sur le Thay-Binh, si elle se sentait pressée de trop près, et en se rappelant qu'elle était abondamment pourvue de munitions, le capitaine se rassurait peu à peu

Restait le réduit de la citadelle, dont les fortification laissaient fort à désirer, et qui, faute de place convenable nécessaire, ne contenait qu'un petit approvisionnement de munitions.

Il était occupé par le sergent-major d'infanterie de marine Greschwind, à la tête de trente soldats de

marine, et d'une cinquantaine de miliciens tonkinois.
Comme ces derniers, pas plus que les Français, du
reste, n'avaient aucune grâce à attendre de leur
adversaire, ou pouvait compter sur leur dévouement
et sur leur courage. Mais le capitaine frémissait
à la pensée que la petite troupe pouvait se trouver
sans munitions si la résistance se prolongeait un
peu.

S'il est des choses qui divisent les meilleurs amis,
il en est d'autres, au contraire, qui rapprochent les
natures les plus indifférentes et cimentent entre les gens
qui se connaissent le moins des sentiments d'amitié
profonde. Les périls courus en commun ont, entre
autres, ce noble privilège.

Aussi, bien que personne n'en eût parlé, les inquiétudes du capitaine étaient-elles partagées par tous les
défenseurs du fortin, qui, tout en combattant de leur
mieux, prêtaient une oreille attentive à tous les bruits
de l'extérieur. Le capitaine crut bientôt remarquer que
les feux de la citadelle semblaient se ralentir. Les feux
de salves étaient tout aussi nourris que les précédents,
ce qui semblait indiquer que le nombre des tireurs

n'avait pas sensiblement diminué, mais ils étaient beaucoup plus espacés, comme si le manque de munitions eut fait économiser les coups.

La canonnière, elle aussi, ralentissait son tir. Mais ce ne pouvait être pour la même raison. Peut-être les servants faisaient-ils défaut.

Malheureusement il était impossible de songer à sortir du fortin, car les feux dont il était couvert semblaient redoubler d'intensité d'instant en instant. Les assaillants avaient maintenant des canons, dont les coups, mal dirigés, ne causèrent pas d'abord des dommages sensibles, mais leur tir se rectifiant peu à peu, le capitaine calculait déjà le moment où il allait tenter une sortie désespérée pour se dégager coûte que coûte, quand, au milieu des mille bruits de toutes ces armes à feu si différentes et se faisant entendre de tous côtés, retentit soudain une détonation plus forte que les autres.

Une seconde après, une autre détonation semblable éclatait encore avec la même intensité. Également surpris, assaillants et assaillis cessèrent un instant leurs feux pour mieux écouter.

Les coups de canon se succédaient maintenant sans interruption, et à leur voix mâle se mêlait la crépitation ininterrompue des hotchkis. Il n'y avait plus à en douter, le bruit venait de la rivière et se rapprochait sensiblement; c'était une canonnière française qui arrivait au secours des assiégés.

Le capitaine n'hésita plus et fit une sortie vigoureuse, culbutant les assaillants, qui, dans leur fuite précipitée, abandonnèrent un de leurs canons.

Quelques heures après, le réduit était dégagé et l'ennemi avait disparu, laissant plus de quatre cents morts sur le terrain. Nos pertes s'élevaient à quatre miliciens tonkinois tués, quatre blessés et dix-huit Français blessés.

La canonnière qui était arrivée si à propos était *le Lynx*, qui, en passant sous Haï-Dzuong pour aller occuper son poste de combat dans le canal des rapides, était accourue au bruit du canon.

Montée par un équipage de soixante-dix-sept hommes commandés par le lieutenant Blonet, armée de deux canons de 14 centimètres, de deux de 10 et de plusieurs canons revolvers, elle avait haché de coups les Pavillons-Noirs et sauvé la garnison.

Le soir de cette mémorable journée, le lieutenant et son filleul se promenaient sur les bords du Thay-Binh, à peu de distance du fortin, quand ils aperçurent quelques matelots du *Lynx*, sur la berge de la rivière, en face de l'endroit où était mouillée leur canonnière.

Parmi eux se trouvait un quartier-maître que l'officier reconnut pour l'avoir jadis rencontré à la Nouvelle-Calédonie. Après s'être entretenu quelques instants d'un passé qui n'offrait que peu d'intérêt auprès des faits actuels, le lieutenant lui demanda de vouloir bien lui donner quelques détails sur l'amiral Courbet et sur les épisodes de la prise de Hué à laquelle il savait que *le Lynx* avait pris une part glorieuse.

Le marin ne se fit pas prier et commença aussitôt son récit.

— L'amiral Courbet, dit-il, est d'une taille au-dessus de la moyenne, maigre, très alerte et capable de supporter les plus grandes fatigues.

Il est âgé d'environ cinquante-sept ans. Il a le

visage osseux, le front bombé, les pommettes saillantes, l'œil bleu à reflet d'acier, profondément enfoncé sous l'arcade sourcilière, la figure rasée, à l'exception de deux petits favoris s'arrêtant à la hauteur des lèvres.

Sa physionomie digne, un peu hautaine, et ses manières correctes lui donnent l'allure d'un véritable gentleman. Sa parole est brève, concise et rapide.

Inflexible sur la discipline, travailleur énergique, dur pour lui-même, d'une grande sévérité tempérée par l'équité et la justice la plus indiscutable, il cache, sous une apparence froide et glaciale, un cœur chaud et sensible. Mais il est toujours maître de lui-même quand les circonstances le commandent, et c'est surtout dans le danger que son calme grandit.

Sans entrer dans le détail de toute sa carrière militaire, il vous suffira peut-être de savoir qu'enseigne de vaissseau sur *la Capricieuse*, second sur *le Coligny*, ofilcier instructeur de l'école des canonniers sur *le Montebello*, directeur de l'école des torpilles, chef d'état-major des divisions cuirassées de la Manche et de la Méditerranée, notre chef actuel montra partout cette précision scientifique qui est le trait dominant de son esprit.

A ces habitudes de calcul et d'observation, l'amiral joint cette patience de travail qui, sans négliger les vues d'ensemble, n'oublie aucun détail dans l'accomplissement d'un service ; — un sens ferme et droit que rien ne peut troubler : — une énergie de caractère incapable de se laisser arrêter par les obstacles quels qu'ils soient ; — le sentiment de la justice qui, avec la bonté d'âme, concilie au chef l'affection de ses subordonnés ; l'ascendant que donne une haute intelligence servie par une volonté inébranlable ; — ce mélange d'audace et de prudence sans lequel les grandes entreprises ne se conçoivent ni ne s'exécutent ; — et, par dessus tout, cette qualité maîtresse de l'homme de guerre, qui, après avoir préparé le succès à force de prévoyance, sait l'obtenir par une action aussi prompte que sûre !

Aussi l'amiral inspire-t-il à ses marins une grande vénération, un véritable fanatisme.

Avec de pareilles aptitudes et un semblable caractère l'amiral Courbet, à peine arrivé sur le théâtre de

la lutte, vit du premier coup sur quel point il devait
porter ses efforts, et sans hésiter un seul instant il
se décida à aller frapper l'ennemi dans sa capitale
même. C'est ainsi que, dans la journée du 16 août,
il envoyait reconnaître les ouvrages défendant l'entrée du Thruang-Thien ou rivière de Hué, qui, aux
approches du littoral, semble se perdre au milieu
de lacunes et de terrains marécageux, forme une
espèce de baie appelée Chou-Mai et ne commu-
nique avec la mer que par une étroite embouchure
qu'on désigne sous le nom de passe ou barre de
Thuan-An.

Cette entrée était protégée, au nord et au sud, par
des lacunes et des dunes de sable, couvertes de forts
et de batteries, dont il était indispensable de s'emparer avant de passer outre.

Les fortifications paraissaient en excellent état. De
nombreux ouvrages couronnaient tous les sommets
ayant vue sur la mer. Il y en avait également des
deux côtés de la passe et sur les dunes, dans le sable
desquelles l'ennemi avait creusé toute une série
d'abris pour placer ses tirailleurs, qui se trouvaient

soutenus en arrière par une ligne continue de retranchements.

Enfin un barrage, composé de jonques chargées et coulées, défendait l'entrée de la rivière contre les petits bâtiments qui auraient tenté le passage.

Comme les gros bâtiments ne peuvent approcher qu'à un mille de la plage, et que la ville de Hué se trouve à 2 kilomètres du rivage, il est impossible de la bombarder du large. Cette ville, fortifiée jadis par le colonel Olivier, d'après le système de Vauban, possède deux ports. L'un, extérieur, à l'embouchure du Thruang-Thien, s'appelle Thuan-An ; l'autre, intérieur, se trouve situé au nord de Hué, sur la rive gauche du fleuve, et porte le nom de Mang-Ca.

De Thuan-An à Hué, les Annamites avaient établi plusieurs barrages dans le fleuve et couvert les deux rives de batteries et de forts. Tous ces ouvrages étaient garnis de troupes nombreuses et toutes munies d'armes de précision.

Tels étaient les obstacles que l'amiral Courbet allait avoir à surmonter avec une poignée d'hommes.

Le 17 août, l'escadre de l'amiral se trouvait réunie dans la baie de Tourane. Elle se composait des deux cuirassés *le Bayard* et *l'Atalante*, du transport *l'Annamite*, des deux avisos, *le Château-Renaud* et *le Drax*, et de deux canonnières, *la Vipère* et *le Lynx*.

Le 18 août, la division navale quitte le mouillage de la rade de Tourane et vient s'embosser devant Thuan-An. La reddition des ouvrages annamites n'ayant pas eu lieu à l'amiable, le bombardement commence, vers quatre heures du soir, sur les trois principaux forts, c'est-à-dire sur le fort du Nord, sur la batterie du magasin, et sur le grand fort circulaire gardant l'entrée de la rivière.

Malgré une forte houle, qui faisait rouler nos bâtiments, le tir de nos marins s'exécutait avec une justesse admirable. Au nombre des meilleurs pointeurs se faisait remarquer le quartier-maître Hélcïne, du *Bayard*, qui, à 2.000 mètres, envoyait un obus de 120 kilos, avec une précision mathématique telle, que chaque explosion faisait coup d'embrasure sur la batterie de la pagode.

Les forts annamites répondent avec vivacité, et

leurs boulets dépassent souvent notre ligne d'embossage. L'un d'eux pénètre même dans la muraille du *Bayard*.

Quant à *la Vipère*, à laquelle son tirant d'eau avait permis de mouiller très près du fort du Nord, les boulets pleuvaient littéralement autour d'elle. Mais cette canonnière, bien qu'atteinte à plusieurs reprises, continua son tir avec une précision et une énergie qui font le plus grand honneur à son commandant, le lieutenant de vaisseau Lejard.

Le bombardement ne cessa qu'avec la nuit. La lumière électrique permit de constater que l'ennemi s'occupait à réparer ses brèches.

Le 19 au matin, une baleinière s'approche de la dune pour examiner l'endroit où l'on peut débarquer.

Mais, à 200 mètres du rivage, une barre furieuse roule d'énormes volutes d'eau qui feraient certainement chavirer tous les canots. Impossible d'aborder. Le bombardement recommence pendant que l'état-major délibère.

Enfin le 20, la mer semble plus calme. Les troupes qui doivent aller à terre prennent les armes.

Ce sont les compagnies de débarquement du *Bayard*, de *l'Atalante* et du *Château-Renaud*, avec de l'artillerie, les 27ᵉ et 31ᵉ compagnies d'infanterie de marine, une compagnie de tirailleurs annamites de Saïgon, deux batteries d'artillerie de marine, cent coolies, en tout mille cinquante hommes et quinze canons.

Les matelots sont en gris, vareuse, chapeaux de paille, et les souliers bien graissés.

Les clairons sonnent. On arme les embarcations de guerre.

A cinq heures du matin, tout le monde est à son poste dans le canot qui lui a été désigné. Dans une chaloupe spéciale, on a placé les différentes pièces des canons de 65 millimètres qui ont été démontés, mais que quelques minutes suffiront à remonter.

Un coup de canon, tiré par *le Bayard*, donne le signal du départ. Aussitôt tous les navires couvrent les forts et les dunes d'une pluie de projectiles, qui passent au-dessus des embarcations.

A six heures et sous la protection du *Lynx* et de *la Vipère*, qui battent la plage de leurs obus de 14 et de 10 centimètres, matelots et soldats abordent dans les brisants de la côte, conduits par le commandant Parayon et l'enseigne Olivieri.

Le débarquement a lieu malgré la barre, heureusement moins forte que la veille. Les hommes se mettent à l'eau, qui leur monte jusqu'à la ceinture. Ils élèvent au-dessus de leurs têtes leurs fusils et leurs cartouchières. Les artilleurs portent sur leurs épaules les roues, les affûts, les avant-trains de leurs pièces, ainsi que les boîtes à munitions. Les torpilleurs en font autant pour leurs piles, leurs cordons Bickford, leurs pétards de fulmi-coton, tous leurs engins destinés à enfoncer les portes, à éventrer les murailles, à renverser les palissades, à faire éclater les pièces.

Les matelots du *Bayard*, après avoir repoussé les troupes annamites, qui ont tenté en vain de les rejeter à la mer, arrivent les premiers, couronnent la crête des dunes sur laquelle ils plantent le drapeau français.

Ils sont immédiatement suivis des compagnies de débarquement de *l'Atalante* et du *Château-Renaud*.

commandés par le lieutenant de vaisseau Poildone
et l'enseigne d'Auriac. Toutes ces troupes s'élancent
sur la batterie de l'extrême droite.

Dès qu'elles ont vu le terrain abandonné par les
leurs, les batteries annamites, bien servies, se mettent

Assaut. Prise de Thuan-An.

à tirer précipitamment, mais sans causer aucun mal.

Et cependant l'ennemi lance sur nous tout ce qu'il
peut, des boulets ronds, des obus, des balles, des
bombettes. Les paraboles lumineuses, décrites par les
trajectoires de tous ces projectiles, forment un véritable feu d'artifice.

On aperçoit les Annamites courant derrière leurs retranchements au-dessus desquels apparaissent les salakos, ces espèces d'entonnoirs en paille aplatis qui leur servent de coiffure. On les voit brandir leurs fusils, leurs lances, leurs sabres et leurs boucliers, sur lesquels sont peints des dragons et des animaux fantastiques à l'aspect le plus menaçant.

L'infanterie de marine, sous les ordres des capitaines Radiguet, Moniot, Sodis et du lieutenant de Broissat, forme notre aile gauche. A l'aile droite, sont les marins du *Bayard*, commandés par l'enseigne Olivieri, les aspirants Foulet, Nicolas, Priaubert, Tirard, sous les ordres du lieutenant Gourjon du Lac. A côté sont les petits tirailleurs annamites de Saïgon.

On s'élance. Une première batterie est enlevée, puis c'est le tour de la batterie de la pagode des bains du roi, que l'on prend à revers.

Les retranchements du fort des magasins à riz, qui avaient un instant arrêté les troupes, sont escaladés par les marins, malgré les sauts de loups hérissés de piquets en bambous appointis, et malgré les plantes grasses dont les aiguillons forment une défense naturelle terrible. On se rend maître ainsi de trente-deux canons et autant de pierriers.

La marche en avant est reprise. On se trouve devant le fort du Nord.

La batterie de canons de 65 millimètres, qui vient d'être remontée, sous les ordres du lieutenant de vaisseau Amelot, arrive et prend alors position devant le fort qu'elle crible d'obus. Elle est bientôt appuyée par une batterie de 4, commandée par le capitaine Luce de l'artillerie de marine. L'amiral arrive à ce moment.

Le clairon sonne la charge. On se précipite, on monte à l'assaut, la batterie est enlevée. Puis on s'élance dans le fort. Les Annamites, après avoir résisté courageusement, sont pris d'une panique affolée. Ils se sauvent de tous côtés, escaladant leurs propres remparts, pour tomber sous les feux de salve des nouvelles troupes qui viennent de débarquer et qui leurs coupent la retraite.

A neuf heures du matin, tout est fini. Le pavillon aux trois couleurs flotte au haut du mât du mirador, , et le clairon sonne l'air si connu de la marine :

A nos couleurs sacrées
Soyons toujours fidèles.

Tout le monde se découvre, et bientôt vers le ciel s'élève un formidable hurrah de :

Vive la France !

Dans le fort central, nous trouvons vingt-six canons de 12 et deux obusiers de 22. Dans l'enceinte extérieure, il y avait cinquante-neuf canons de 12, quatorze obusiers de 22, et deux pierriers.

Comme on le voit, les canons ne manquaient pas aux Annamites, qui s'étaient, du reste, défendus avec bravoure, puisqu'ils comptaient douze cents tués et mille six cents blessés. Mais si le feu incessant de leur formidable artillerie, qui ne cessa qu'au dernier moment, si les bombettes qu'ils lançaient sur nos hommes, si l'incendie dont ils cherchèrent à se faire un rempart, n'arrêtèrent point l'élan de nos troupes, c'est que celles-ci avaient à cœur de justifier la noble devise de la marine : *honneur et patrie*.

Dans l'après-midi, sur l'ordre de l'amiral, *la Vipère*, commandée par M. Lejard, et *le Lynx*, commandé par M. Blouet, forcent l'entrée de la rivière.

Les forts des cocotiers, de l'île Verte, les forts du sud, font pleuvoir une grêle d'obus sur les deux canonnières qui leur répondent vigoureusement, et qui, soutenues par le tir du *Bayard* et *le Chateau-Renault*, ne tardent pas à éteindre le feu de l'ennemi.

Les forts qui restaient aux Annamites furent évacués par eux dans la nuit, et les troupes françaises en prenaient possession le lendemain matin.

Toute résistance était devenue désormais impossible ; aussi la cour de Hué s'empressait-elle d'envoyer son ministre des affaires étrangères pour obtenir une suspension d'armes et traiter de la paix.

Ce personnage d'importance était accompagné de M⁹ʳ Gaspard, évêque de Hué, et escorté d'illustres mandarins. Mais M. Harmand, commissaire général civil, qui avait assisté au bombardement, ayant déclaré qu'il ne signerait un traité que dans la capitale, les plénipotentiaires partirent avec lui pour Hué le lendemain 22 août.

A cet endroit de son récit, le quartier-maître fut interrompu par les appels des clairons, qui sonnaient la retraite, et les interlocuteurs durent se séparer.

Tout en se dirigeant vers le fortin qu'ils devaient regagner, le lieutenant, s'adressant à son jeune compagnon, reprit bientôt.

— Vous venez d'entendre le récit du premier succès de l'amiral Courbet.

Comme conséquence une convention fut en effet signée le 25 août par les plénipotentiaires du nouveau roi de l'Annam, Hiep-Hoá, c'est-à-dire par le grand censeur, Tuan-Dinh-Tuc, et par le ministre de l'intérieur et des affaires étrangères, Nguy-en-Trong-Hing.

Ainsi une campagne de cinq jours avait suffi à l'amiral pour réduire l'Annam. Mais, connaissant la diplomatie orientale, il pensait que ce qu'il avait fait n'était pas suffisant. Il voulait, sans perdre un instant, courir au Tonkin, et, par une action énergique et immédiate, faire tomber toute velléité de résistance.

Il en fut empêché. On s'aperçoit aujourd'hui qu'il avait raison et on se prépare à réparer les fautes commises. Mais l'attaque de cette nuit prouve que l'ennemi a su utiliser les trois mois que l'on vient de perdre.

COMBAT DE PHU-SA. — PRISE DE SON-TAY

Le gouvernement français fut bientôt obligé de se rendre à l'évidence. On le prenait pour dupe. La cour de Hué continuait la résistance occulte, en prenant les Pavillons-Noirs à sa solde, tout en attestant qu'elle était impuissante contre eux et qu'ils luttaient pour leur propre compte. De plus, la Chine entrait en lice.

Courbet nommé commandant
de toutes les forces de terre et de mer
au Tonkin.

Le 25 octobre, l'amiral Courbet fut nommé commandant de toutes les forces de terre et de mer au Tonkin, et, le 23 novembre, M. Harmand lui remettait les services administratifs.

Enfin, quelques renforts étant arrivés, l'amiral put agir contre la forteresse inviolable de Son-Tay, sorte de palladium, de lieu saint pour les Annamites.

Son-Tay est, en effet, la forteresse la plus importante du Tonkin, et commande le cours du fleuve Rouge au-dessus d'Ha-Noï. C'est un grand ouvrage à la Vauban, qui, comme toutes les forteresses annamites, renferme une foule de constructions : pagode royale, résidences de hauts fonctionnaires, tribunaux, magasins à riz, etc.

Elle se trouve sur la rive droite et au sud du Song-Koï ; son enceinte intérieure, en maçonnerie, est circonscrite par une deuxième enceinte formée par un mur de terre, avec fossé, et défendue par des haies de bambous formant palanques, fouillis inextricables, qui, non seulement résiste à l'artillerie, mais que, malgré son impénétrabilité, il faut cependant franchir sous le feu de l'ennemi.

La porte nord de cette enceinte extérieure se trouve à environ 1,200 mètres du fleuve. Mais, avant d'y arriver, il existe toute une série de lignes fortifiées, appuyées sur de nombreux villages et sur les digues garnies d'artillerie, coupées et obstruées par toutes sortes d'obstacles.

Les fortifications de Son-Tay forment, de l'avis de tous ceux qui les ont vues, le système de défense le plus perfectionné et le mieux approprié aux armes modernes.

Toute la campagne qui entoure Son-Tay n'est qu'une vaste plaine cultivée en riz, canne à sucre et maïs. On aperçoit çà et là des villages boisés et quelques pagodes entourées d'arbres séculaires. Dans le lointain se découpe sur le ciel le profil azuré des montagnes majestueuses.

Cette plaine est protégée contre les inondations du Song-Koï par deux digues qui se rejoignent au village de Phu-Sa. A partir de cet endroit, il n'y en a plus qu'une, qui, après avoir coupé le chemin allant directement de la rivière à la citadelle, se bifurque en deux parties, dont l'une continue à suivre le Song-Koï, en traversant les villages de Lang-Thung et de Phu-Ni, et dont l'autre remonte vers la rivière Noire.

Une fois décidé à attaquer cette place fort importante, l'amiral Courbet, établi à Ha-Noï, commença par préparer ses troupes à la rude campagne qu'il allait entreprendre, en leur faisant faire une série de reconnaissances vigoureusement conduites.

Puis, après avoir réuni tous les éléments nécessaires pour les transports par eau et par terre, il donna subitement, le 11 décembre 1883, l'ordre du départ.

Ne laissant à Ha-Noï que le nombre de soldats strictement indispensables pour défendre la citadelle, l'amiral partagea ses troupes en deux colonnes.

L'une composée du régiment de marche d'Afrique, d'un bataillon d'infanterie de marine, de trois batteries et de six cents auxiliaires tonkinois, était commandée par le lieutenant-colonel Belin, des tirailleurs algériens. Elle devait partir de Palan, suivre la route d'Ha-Noï à Son-Tay, passer à Vong, traverser le Day au village de Ra, chasser devant elle les avant-postes de l'ennemi et faire sa jonction avec la seconde colonne.

Celle-ci, sous les ordres du chef d'état-major, colonel Bichot, comprenant trois bataillons d'infanterie de marine, le bataillon des marins fusiliers

Attaque de Son-Tay.

et quatre batteries d'artillerie, devait être transportée par des canonnières et des jonques jusqu'aux abords de Phu-Sa, la clef de Son-Tay.

L'armée de l'amiral Courbet s'élevait à cinq mille cinq cents hommes. Elle était composée des éléments les plus étranges, fournis par des troupes de races et d'origines différentes, infanterie et artillerie de marine, fusiliers et canonniers marins, turcos, légion étrangère, tirailleurs annamites du régiment de Cochinchine, et auxiliaires tonkinois.

Les journées du 12 et du 13 furent employées à former l'ordre de la bataille.

Le 14, dès le matin, la flottille, composée de *la Trombe*, de *l'Éclair*, du *Pluvier*, de *la Fanfare*, de *la Hache*, du *Yatagan*, et d'un bateau de transport destiné à servir d'ambulance, remontait le fleuve, fouillant le terrain à coups de canon.

A huit heures, elle s'embossait devant Phu-Sa et commençait le feu, couvrant de ses projectiles les ouvrages qu'on allait attaquer, et principalement un petit fortin, qui possédait une pièce de marine de gros calibre, dont le feu fut éteint avant d'avoir pu causer aucun mal.

L'amiral avait bien donné l'ordre aux canonnières d'ouvrir la route à coups de canon. Mais l'élan des troupes fut tel que la flottille resta en arrière.

Pendant que le chef de bataillon de Maussion, avec

une partie de la colonne Bichot, enlevait successivement le village de Phu-Loc, puis les quatre barricades élevées entre ce village et Sien-Thien et gagnait Thien-Xuau, la colonne Belin se massait en réserve sur la digue, et l'amiral Courbet établissait son quartier général près de la pagode Thien-Da, qui allait servir d'ambulance provisoire.

Du point qu'il occupait avec son état-major, l'amiral pouvait se rendre compte de la position des ouvrages de Phu-Sa.

Depuis le matin, les tirailleurs de Saïgon, qui avaient été mis en première ligne, rencontraient une résistance si opiniâtre, qu'ils ne pouvaient avancer. L'ennemi, bien abrité derrière des épaulements en terre, reliés et défendus par des bambous appointis, avait pratiqué, de mètre en mètre, des meurtrières dans ce retranchement sur lequel les obus ne pouvaient rien. Derrière chaque meurtrière, plusieurs Chinois étaient tranquillement assis, avec une caisse de cartouches à leurs pieds, et battaient de leurs feux croisés l'espace découvert et inondé qu'ils avaient devant eux.

C'est le triangle formé par la rencontre des deux lignes et des retranchements qui courent perpendiculairement de la citadelle au fleuve, qu'il faut d'abord enlever, bien que l'ennemi ait accumulé en cet endroit tout ce que l'art de la défense peut imaginer : fossés, batteries, coupures de digues, barricades, maisons crénelées, etc.

A quatre heures, l'ennemi tente, avec une extrême audace, de nous envelopper par un mouvement tournant sur notre gauche ; mais, pris lui-même à découvert et décimé, il dut reculer en désordre après avoir fait de sérieuses pertes, car les Français tiraient en moyenne quinze coups pour un. A ce moment, les turcos arrivent et entrent en ligne. Ils ont à leur tête le commandant Journeau. Ils s'élancent follement sur les ouvrages ennemis avec une fougue que rien ne semble pouvoir arrêter. Leurs officiers, après avoir en vain cherché à modérer leur ardeur, voyant leurs hommes s'élancer en avant, se précipitent à leur tour.

Une furieuse fusillade reçoit la colonne d'attaque et y cause un horrible ravage. La première compagnie est presque anéantie. Son capitaine est tué raide,

Siège de Son-Tay.

trois officiers grièvement blessés. C'est à peine s'il reste vingt hommes valides sur les cent quarante qui la composaient tout à l'heure.

Ceux qui sont arrivés jusqu'au pied du retranchement sont arrêtés par un abatis de bambous, enfoncés en terre, la pointe aiguë tournée du côté des assaillants. Impossible de passer au travers de toutes ces pointes acérées qui accrochent les vêtements et déchirent les jambes.

Les pauvres turcos, décimés, hachés, sont obligés de se replier. Quinze de leurs camarades qui, blessés, sont restés sur le champ de bataille, sont aussitôt, et sous leurs yeux, cruellement mutilés, puis décapités.

A cette vue, un frisson de rage et de colère s'empare de tous ceux qui ont assisté de loin à cette incroyable scène de barbarie. Les turcos s'élancent de nouveau. Mais, cette fois, rien ne pourra plus arrêter leur élan.

Ils arrachent, brisent les bambous, enlèvent la redoute qui contient neuf gros canons, et massacrent sans merci tous les Chinois qui la défendent. Ce dernier assaut leur a coûté de nombreuses victimes, et parmi les blessés se trouve le chef de bataillon Journeau, qui a eu la cuisse traversée par une balle, mais les pertes de l'ennemi sont considérables, car l'infanterie de marine et la légion étrangère avaient également couru sur les ouvrages la baïonnette au canon.

On s'était battu de sept heures du matin à cinq heures du soir.

Peut-être aurait-on pu éviter une pareille hécatombe, en prenant à revers l'ensemble des positions. Mais, nous le répétons, il avait été impossible d'arrêter l'élan des tirailleurs algériens.

La lutte n'était pas finie. Les Français campèrent sur les positions conquises. Mais des troupes fraîches sortant de Son-Tay nous surprennent pendant la nuit, s'emparent de l'ambulance provisoire, où elles mutilent et décapitent ceux de nos blessés qu'on n'avait pas eu le temps de transporter à bord du *Turi-Marie*.

Les nôtres, un moment surpris, reprennent l'offensive, culbutent les Chinois, qui se retirent en laissant de nombreux morts sur le terrain. On s'était battu avec acharnement pendant plusieurs heures au clair de lune.

La Fanfare, qui gardait la rive gauche, fut également attaquée. Mais quelques feux de peloton suffirent pour repousser l'ennemi.

La fusillade dura toute la nuit. Enfin, après un dernier effort tenté vers quatre heures du matin, les Pavillons-Noirs se retirèrent derrière les murs de l'enceinte extérieure de la ville.

La journée du 15 fut employée à enterrer les morts et à donner quelque repos aux troupes. Mais le 16, dès le matin, les Français s'avancent sur Son-Tay par un mouvement circulaire.

Les fusiliers marins et la légion étrangère prennent d'assaut la grande pagode, Gho-Phuni, située à 200 mètres de la porte ouest de la citadelle. Un grand nombre de Pavillons-Noirs et d'Annamites s'y étaient réfugiés. Ils furent tous impitoyablement passés au fil de la baïonnette. Il n'y avait pas de grâce à attendre, et par conséquent à accorder, à ces barbares qui, au mépris du droit des gens et de l'humanité la plus élémentaire, torturent, mutilent, et prolongent, avec un art épouvantable, l'agonie des malheureux blessés qui tombent entre leurs mains.

A sept heures du soir, l'amiral Courbet annonçait par télégraphe qu'il était maître de la première enceinte de la porte ouest.

Grâce aux accidents de terrain, qui entouraient les approches de la citadelle, les pertes françaises pour la journée, étaient minimes.

Du reste, nous ne pouvons mieux faire que de citer ici textuellement le compte rendu du rapport officiel.

« On enlève tout d'abord les pagodes, et, les prenant pour point d'appui, la colonne d'attaque, légion étrangère et marins en tête, appuyée par trois batteries d'atillerie, se masse à 400 mètres environ de la citadelle, lançant ses tirailleurs à moins de 100 mètres de l'enceinte extérieure. L'ennemi résiste avec vigueur, et tente sur la droite un mouvement tournant, qui est aisément arrêté par les tirailleurs algériens et le hotchkis du *Pluvier*.

« *L'éclair* et *la Trombe* exécutaient un bombardement précis de la citadelle intérieure, dont la base et les abords portent la trace de leurs obus. Ce bombardement, quoique ayant seulement une action indirecte dans la lutte qui se poursuivait, ébranlait puissamment le moral de l'ennemi en rendant presque intenable son seul refuge en cas de défaite.

« Le bataillon Chevalier rencontrait, à la porte nord, une résistance énergique, et combattait avec une persévérance et une bravoure remarquables sans avancer sensiblement.

« Cependant nos troupes gagnent du terrain de minute en minute ; vers cinq heures, les premières lignes des tirailleurs ne sont plus qu'à 100 mètres du fossé. L'ennemi, ébranlé par un feu étourdissant, répond avec moins de vigueur. Le soleil baisse ; le moment est venu de donner l'assaut.

« L'artillerie cesse son feu ; je commande : *en avant*. Les clairons sonnent la charge, nos vaillants soldats se précipitent aux cris de : Vive la France !

« La légion étrangère, ayant à sa tête le commandant Donnier, court vers la porte murée ; le bataillon des marins, guidé par le commandant Laguerre, vers la poterne de droite, où s'élance également la compagnie Bauche du bataillon Dulieu.

« Les troupes désignées pour rester en réserve trépignent d'impatience ; le colonel Bichot est obligé de se multiplier pour les empêcher de suivre leurs camarades.

« L'ennemi dirige sur nos braves un feu intense, plusieurs tombent, mais rien n'arrête leur élan. La tête de la colonne de la légion étrangère ne pouvant franchir la porte murée, file vers la droite le long de la fortification et réussit à se frayer un passage à travers le fouillis inextricable de bambous et d'obstacles de toutes sortes qu'y ont accumulés les défenseurs.

« Le capitaine adjudant-major Mehl tombe frappé d'une balle au milieu de ses hommes : une partie des marins déblaye la poterne, tandis que les autres traversent directement le fossé avec l'infanterie de marine et rejoignent la légion étrangère sur le talus extérieur du rempart ; ceux que l'encombrement retient en dehors couvrent le parapet de feux.

« Après des efforts inouïs, la haie de bambous cède. Le soldat Minnaert, de la légion étrangère, le quartier-maître le Guirizec, des fusilliers marins, et le caporal Mouriaux, de l'infanterie, entrés les premiers dans l'intérieur de la place, sont immédiatement suivis par des masses nombreuses.

« La batterie de la porte murée est tournée et envahie. Les grands étendards noirs tombent et sont remplacés par le drapeau français, les ennemis fuient en désordre vers la citadelle, nos troupes les poursuivent à travers les rues.

« A 5 heures 45 minutes j'entre dans la place, accompagné de mon état-major général ; la nuit se fait rapidement, couvrant l'ennemi, qu'il serait téméraire de poursuivre au milieu de l'obscurité dans une ville inconnue. Il faut s'arrêter au plein de ce beau triomphe et s'organiser contre un retour offensif.

« Toutes les dispositions prises, l'amiral rentra à huit heures du soir au quartier général, après avoir vu arriver le premier convoi de vivres et de munitions.

« La nuit se passa dans un calme profond. Au jour, on reconnut que la citadelle était évacuée.

« A neuf heures du matin, l'amiral y entra accompagné du colonel Bichot et de l'état-major, aux acclamations de nos vaillants soldats. Un drapeau tricolore, formé de trois lambeaux de pavillons ennemis noués ensemble, flottait sur la tour de Son-Tay. Jamais trophée ne fit battre plus vivement le cœur d'un Français.

« On a su depuis que l'ennemi avait fui la ville,

Siège de Son-Tay.

en désordre, aussitôt après l'assaut de la porte ouest. Tout y indiquait une fuite précipitée ; canons, argent, munitions, vivres, vêtements, les défenseurs avaient tout abandonné, tout, même leurs morts, malgré le respect légendaire que les Pavillons-Noirs eux-mêmes professent pour les victimes du feu de l'ennemi.

« L'amiral envoya immédiatement *l'Éclair*, pour

couper la retraite par la rivière Noire, mais la baisse des eaux ne permit pas à ce bâtiment, qui ne cale cependant que 80 centimètres, d'atteindre le confluent de cette rivière.

« L'ennemi avait neuf cents tués et un plus grand nombre de blessés, dont Min-Vinh-Phuoc (blessé), son lieutenant et plusieurs mandarins chinois tués.

« De notre côté, soixante-huit tués et deux cents quarante-neuf blessés le 14; quinze tués et soixante-dix blessés le 16. Dans ce nombre, quatre officiers tués et vingt-deux blessés.

« Si cruelles que soient ces pertes, les journées des 14 et 16 décembre 1883 resteront à jamais mémorables. Phu-Sa et Son-Tay ont leur place marquée dans nos plus glorieux souvenirs. Le corps expéditionnaire du Tonkin, composé d'éléments divers, mais animé du même souffle, a accompli des prodiges de valeur.

« Il ne fallait pas moins qu'un patriotisme ardent pour surmonter tant d'obstacles accumulés depuis plusieurs années pour vaincre un ennemi aguerri, supérieur en nombre, bien armé, solidement retranché derrière ses palissades.

« La France doit être fière de ses enfants : l'honneur de ses armes ne pouvait être confié à de plus vaillants soldats. »

Certes, la bravoure et les efforts de nos héroïques soldats sont au-dessus de tous les éloges. Mais quel juste tribut d'admiration ne devons-nous pas à leur chef, dont l'habileté des dispositions militaires, l'intrépide courage, l'inébranlable fermeté, surent préparer, conduire et mener à bonne fin une entreprise aussi difficile et aussi glorieuse pour la France.

Un moment de défaillance, d'hésitation, et tout était perdu.

L'amiral l'avait bien compris. Il sentait que devant de pareils obstacles, et en présence d'un ennemi aussi nombreux (12,000 hommes dont 4,000 réguliers), il devait payer de sa personne, et faire passer dans l'âme de ses soldats l'ardeur et la confiance qui l'animait lui-même. C'est que l'action devait être décisive.

L'amiral tenait donc à voir et surtout à être vu.

Aussi, à l'attaque de Phu-Sa, se promenait-il tranquillement, suivi de son état-major, à cheval et au pas, sur les digues que labouraient les boulets, et sur lesquelles venaient s'aplatir ou s'enfoncer les balles des Pavillons-Noirs.

Avant et pendant l'assaut de l'enceinte extérieure de Son-Tay, l'amiral, entouré du colonel Badens, du commandant de vaisseau Maigret, des lieutenants de vaisseau de Joncquières, Goldeschen et Imbert se tenait debout sur un petit mamelon, qui se trouvait à moins de 200 mètres des remparts.

Si nos soldats le voyaient, les ennemis l'apercevaient aussi, et couvraient de projectiles l'endroit qu'il occupait.

Le vice-roi du Yun-Nan, qui, comme tous ses compatriotes, avait toujours regardé « l'*inviolable* » Son-Tay, comme une forteresse inexpugnable, ayant appris que nos troupes osaient marcher sur cette ville, s'y était rendu pour y jouir du spectacle de notre défaite.

A l'aspect des revers successifs de ses troupes, la rage et la colère l'avaient emporté sur la peur. Il parcourait donc les rangs des Chinois, les poussant tour à tour par des menaces et des promesses, à la résistance à outrance.

Apercevant tout à coup l'amiral, qui, immobile, semblait invulnérable au milieu des projectiles qui pleuvaient autour de lui, il se retourna vers le second chef des Pavillons-Noirs qui l'accompagnaient.

— Terrible soldat, lui dit-il, tu vois là, devant toi, le chef de ces bandes de barbares qui ont juré notre mort. Tu passes pour le plus habile de nos tireurs, fais-nous voir que tu es à la hauteur de ta réputation. »

Le Pavillon-Noir épaule ; mais avant qu'il ait eu le temps de presser la gâchette, il tombe foudroyé par une balle française, au moment ou le vice-roi chancelait lui-même, frappé en pleine poitrine.

Quelques instants plus tard, l'amiral se portait en avant de la première ligne des tirailleurs, et donnait lui-même le signal de l'assaut.

Il dirigea cette affaire avec une précision et une énergie extraordinaires. Il s'y montra d'une bravoure personnelle qui en fit un héros aux yeux des soldats et qui lui valut, le lendemain, des turcos et des légionnaires enthousiasmés, une ovation spontanée dont il fut profondément touché.

La prise de Son-Tay ne devait point amener la conclusion définitive de la paix. Et de même qu'après la prise de Hué et le traité signé dans cette ville par M. Harmand, on s'était trouvé en face de nouvelles complications, et vu forcé de guerroyer contre les Pavillons-Noirs, de même, après la prise de Son-Tay, on allait se trouver à avoir à lutter contre la Chine, dont les soldats réguliers, dirigés par quelques Européens, avaient été l'élément de résistance le plus sérieux rencontré dans les derniers combats.

La connivence du gouvernement chinois ne pouvait plus être mise en doute. En dehors des morts qu'ils avaient laissés sur le terrain, on trouva dans la citadelle une grande quantité d'armes, timbrées des arsenaux chinois, des munitions en abondance, de grands approvisionnements, et la correspondance de Lin-Vinh-Phuoc, le chef des Pavillons-Noirs, avec le vice-roi du Yun-Nan.

Pour la seconde fois et par la précision de ses coups, l'amiral Courbet venait de terrasser nos ennemis. Quelques jours encore, et la prise de Bach-Ninh nous assurait la possession de tout le Tonkin, surpris par la rapidité de cette marche. Mais avant de marcher sur cette ville, le vainqueur de Son-Tay devait attendre des renforts.

Il reçut à la fois sa nomination au grade de vice-amiral et l'ordre de remettre ses pouvoirs au général Millot, l'effectif des troupes de terre au Tonkin étant devenu trop considérable pour ne pas légitimer la présence à leur tête d'un général.

Le cadre de ce petit ouvrage ne nous permet pas de nous étendre sur les événements qui n'ont pas trait directement au sujet que nous nous sommes plus spécialement proposé de traiter.

Nous devons donc ne faire que mentionner ici la prise de Bac-Ninh et de Kep par la colonne Négrier ; celle de Taï-Nguyen par la colonne Brière de l'Isle ; — l'occupation de Hong-Hoa ; — la signature du second traité de Hué ; la destruction du cachet, signe de vassalité de l'Annam envers la Chine, — enfin le traité de Tien-Tsin fait avec cette dernière puissance, dont la violation allait amener une reprise d'hostilité, où l'amiral Courbet allait trouver l'occasion d'accomplir un fait d'armes plus remarquable que tous les autres, et mériter de rester à jamais le héros de cette campagne.

VI

UN GUET-APENS. — DESTRUCTION DE L'ARSENAL

DE FOUT-CHÉOU. — LA RIVIÈRE MIN

Le traité de Tien-Tsin avait été signé le 11 mai
1884 par Ly-Hung-Tchang, grand tuteur de Sa
Majesté le fils de l'empereur, premier secrétaire
d'État, vice-roi du Tché-Li, plénipotentiaire pour la
Chine, et par le capitaine de frégate Fournier, commandant l'éclaireur d'escadre *le Volta*, plénipotentiaire pour la France. Il ne tarda pas à être violé de
la façon la plus indigne.

C'est, du reste, le sort qui avait été, dans le passé,
et qui sera, dans l'avenir, toujours réservé aux traités
faits avec les Orientaux, quand ces documents diplo-
matiques ne seront pas appuyés de la puissance du
canon. Mais revenons à notre sujet.

D'après l'article 2 de cette convention, les troupes

chinoises devaient évacuer immédiatement le Tonkin.
Le 6 juin avait été fixé comme date à laquelle la
France pourrait occuper les places frontières du
Kouang-Ton et du Kouang-Si, et notamment celles
de Lang-Son, Cao-Bang, That-Ké.

Il y avait alors dix-sept jours que les délais d'évacuation étaient expirés, quand la colonne du lieutenant-colonel Dugenne, chargée d'aller occuper Lang-
Son, arriva sur les bords du Song-Thong, en aval
de Bac-Lé.

La colonne fut tout à coup assaillie à l'improviste
par un ennemi nombreux, caché dans les bois et
embusqué dans les rochers d'une montagne à pic qui
dominait la route.

Les troupes françaises, qui ne comptaient que trois
cents soldats, résistèrent pendant deux jours aux cinq
mille hommes qui les entouraient.

Le lieutenant-colonel Dugenne vit alors que la destruction de sa colonne n'allait plus être qu'une affaire
de temps s'il s'obstinait à rester au même endroit ; il
donna donc l'ordre de la retraite.

Grâce a l'énergie et au dévouement d'une cinquantaine de chasseurs d'Afrique, on put emporter tous les blessés et les soustraire aux affreuses tortures que leur réservait l'ennemi. Ce fut grâce aussi à l'extrême bravoure de nos troupes et au sang-froid admirable du chef qui les commandait, qu'un désastre put être évité.

A la nouvelle d'un pareil guet-apens, perpétré au mépris d'un traité dont *l'encre était à peine séchée*, l'amiral Courbet fut investi de nouveau du commandement en chef dans les mers de Chine et reçut l'ordre de se disposer à agir avec la plus grande énergie.

Mais au lieu de procéder avec la rapidité de la foudre, et de venger immédiatement nos soldats lâchement assassinés, on voulut, malgré l'expérience du passé, et malgré l'avis des gens les plus au courant des mœurs politiques orientales, essayer encore de négocier. Ces hésitations ne devaient servir qu'à donner à l'ennemi le temps de se préparer à la résistance et d'accumuler ses moyens de défense.

En fin de compte, les négociations échouèrent. M. de Semallé, chargé d'affaires de France, amena

le pavillon tricolore et quitta Pékin le 21 août, tandis
que Li-Fong-Pao, ministre de Chine à Paris, demandait le même jour ses passeports à M. Ferry.

La rupture était consommée, et la guerre était bien
et dûment déclarée. En conséquence, l'amiral Courbet,
qui venait d'être investi du commandement en chef
dans les mers de Chine, reçut l'ordre de commencer
les hostilités.

La rivière Min, avant de se jeter à la mer par
deux embouchures, forme la baie de Tchéou-Fou.
Cette baie est peu profonde, et dans la majeure partie de son étendue, elle ne peut recevoir que de petits
bâtiments calant peu d'eau. Les navires de guerre
de plus fort tonnages sont forcés de mouiller à
l'entrée.

La passe du nord, quoique étroite, est d'un accès
assez facile, et se trouve bornée, d'un côté, par une
langue de terre terminée par une colline assez élevée,
et, de l'autre, par un massif de rochers à fleur d'eau
qui découvrent à marée basse et forment, à leur
extrémité méridionale, l'île de Woufou.

La passe du sud, formée par la grande bouche du

fleuve Min, est située au sud de l'île de Woufou, qui sépare les deux embouchures de la rivière. Mais elle est tellement obstruée par les bancs de sable qu'il est impossible aux navires de quelque importance d'y pénétrer.

La rade de Fou-Tchéou est loin d'offrir une sécurité absolue. Les vents du nord, qui sont les plus mauvais, y soufflent avec une violence extrême, et on ne s'y trouve à l'abri que des vents du sud et un peu de ceux de l'ouest.

Dans les fortes tempêtes, la mer entre par les passes avec une telle violence et une telle furie, qu'il est impossible de lui résister, et souvent les typhons ont jeté à la côte les navires qui étaient au mouillage.

C'est dans cette baie que se trouve situé, à environ 40 kilomètres de la mer, le fameux arsenal chinois dont nous allons parler.

Nous n'entrerons pas dans le détail de la description de cet établissement, qui est l'œuvre d'un officier de marine français, M. Prospère Giequel. Nous dirons seulement que, dès son arrivée en Chine, notre compatriote se mit à étudier la langue mandarine et ne tarda pas à se familiariser avec les mœurs et les institutions du pays. De 1862 à 1864, il prit une part active à la répression de la révolte des Taï-Pings, en organisant la résistance dans la province de Tche-Kiang. C'est ainsi qu'il obtint ses premiers grades dans la hiérarchie chinoise et qu'il put se lier avec les importants personnages qui le firent désigner plus tard au choix de l'empereur comme directeur de l'arsenal que les Chinois avaient résolu de créer à Fou-Théou.

Cet établissement ne fabrique ni poudre, ni fusils, ni canons. Toutefois il peut servir de dépôt d'armes et d'engins de guerre ; mais c'est principalement et plus spécialement un ensemble de chantiers et d'usines affectés à toutes les constructions navales, ayant pour but non seulement de livrer des navires de guerre, mais encore de tirer parti des richesses métallurgiques du Céleste-Empire. Les écoles qui y sont attachées, les cours qui y sont faits par des Européens font de cet établissement une véritable école d'application.

La fondation de l'arsenal à laquelle coopéra également un autre officier de marine français, M. d'Aiguebelle, remonte à l'année 1867. Son directeur, M. Gicquel, en récompense des services qu'il a rendus à la Chine, s'est vu nommer successivement aux dignités qu'on ne confère ordinairement qu'aux fonctionnaires du rang le plus élevé.

Il serait donc puéril d'insister ici sur l'importance, l'étendue, la valeur des constructions, et surtout des outillages nombreux, et perfectionnés renfermés dans l'immense enceinte de cet établissement. On sera bien au-dessous de la vérité en leur attribuant une valeur d'une cinquantaine de millions.

En choisissant la baie de Fou-Tchéou pour y placer leur arsenal maritime, les Chinois avaient fait preuve du choix le plus judicieux. Car non seulement le port, à l'endroit de l'arsenal, peut recevoir des navires calant plus de 6 mètres d'eau, mais encore son éloignement de la mer le met à l'abri d'un coup de main.

De plus, la nature semble s'être plue à accumuler les obstacles naturels pour en défendre les approches.

Enfin, la main des hommes a su mettre à profit les dispositions locales pour compléter un système de défense que les Chinois pouvaient regarder à bon droit comme complètement inexpugnable.

En effet, pour arriver jusqu'à l'arsenal, il faut remonter l'embouchure septentrionale de la rivière Min, puisque l'autre est impraticable. Or, l'entrée de ce goulet est défendue d'abord par des batteries blindées placées à droite sur l'île Woga, et à gauche sur l'île Woufou. Puis il faut passer ensuite sous le feu du fort Blanc, situé à droite sur la terre ferme, et sous celui du fort Kim-Paï, placé à gauche sur l'île Woufou.

Après ces deux forts, qui sont munis de canons Krupp de gros calibre, il faut remonter la passe de Kim-Paï qui a deux lieus de long, mais qui ne mesure que 360 mètres de large. Les bords du fleuve, dont le courant, assez rapide, est encaissé entre deux murailles de granit presque à pic et hautes d'une centaine de pieds sont armés de nombreuses batteries, entre autres celle de la Pointe de l'arbre à portée de pistolet près de laquelle il faut passer.

A l'issue de la passe Kim-Païe, le fleuve s'élargit, et c'est de cet endroit que part l'embouchure méridionale du Min, dont nous n'avons pas à nous occuper.

Cette partie de la rivière est battue par le fort Mingan, qui se trouve sur la rive septentrionale, et par les forts de Kao-Tung, qui sont sur la rive méridionale. Ces fortifications défendent en même temps l'entrée du goulet d'une seconde passe, qui porte le nom de Mingan, et qui, dans certains endroits, ne compte pas plus de 300 mètres de largeur.

Ce second goulet passé, le fleuve s'élargit peu à peu. A Couding, les rives présentent un écartement qui dépasse 500 mètres ; mais a Goa, le passage redevient dangereux. Le chenal est encombré par des bancs et des rochers à fleur d'eau, et ce n'est qu'avec les plus grandes précautions qu'on peut avancer jusqu'à l'île Losing.

De nombreuses batteries, sur terre et sur l'île Losing, commandent encore ce passage difficile.

A quelque distance de l'île, apparaît, au milieu de l'eau, un rocher très étroit. Sa forme étrange, qui rappelle celle d'une botte chinoise, lui a valu sa dénomination de Botte de Bouddha. Cet îlot supporte un petit château fort et une pagode, lieu d'un pèlerinage très en renom, et qui a dû donner son nom au mouillage qui baigne ses pieds.

A partir de cet endroit, si l'on remonte la riviève, dont le cours s'infléchit vers le nord-ouest, on arrive devant l'arsenal, défendu par des batteries qui dominent la rade et son armée de canons Krupp.

Bientôt la profondeur de la baie diminue ; les navires ne peuvent plus avancer. Il n'y a plus que les jonques et les petits bâtiments qui peuvent continuer leur route et aller jusqu'à Fou-Tchéou, situé sur les bords du Min, à 15 kilomètres environ plus haut que l'arsenal. Au delà se trouvent de nombreux rapides, difficiles à franchir.

C'est sur les bords du Min qu'on récolte et qu'on vend en brique le meilleur thé de l'Empire du Milieu. On le cultive sur les montagnes argileuses qui entourent la ville et l'arsenal, et dont la teinte rougeâtre dénote la présence du fer.

Le cours du Min est impétueux et fort poissonneux.

La pêche la plus usitée est celle qu'on pratique à l'aide de cormorans. La marée remonte le fleuve, avec une vitesse de cinq nœuds à l'heure, jusqu'à la hauteur de Nantaï où se trouve la concession européenne, située en face de Fou-Tchéou, sur une colline du haut de laquelle on jouit d'une vue splendide. La végétation y est admirable : les fleurs et les fruits de l'Europe et des tropiques s'y montrent en abondance.

La ville murée de Fou-Tchéou, où vivent les mandarins et les bourgeois, est construite au nord du Min et à 3 kilomètres du rivage. Mais elle se trouve reliée au fleuve par un immense faubourg dans les rues vivantes et bruyantes duquel se concentre l'activité commerciale d'une laborieuse population.

Fou-Tchéou, qui compte 630,000 habitants, est la capitale de la province de Fo-Kien (région heureuse), l'une des plus belles et des plus fertiles de la Chine.

Parmi les vingt et un ports qui sont ouverts au commerce européen, Fou-Tchéou occupe le troisième rang comme population, après Canton, qui compte 1,600,000 habitants, et Tien Tsin, qui en a 950,000. Son commerce extérieur, qu'on peut évaluer à 105 millions, vient également en troisième ordre, après Shangaï, dont le mouvement commercial se chiffre par 600 millions, et celui de Canton, qui atteint 120 millions.

C'est sur une des plus hautes montagnes qui entourent la ville que se trouve le célèbre temple de Kou-Chan (montagne du Tambour), le plus vaste et le plus pittoresque de la région.

Un escalier monumental, construit en pierre, conduit les pieux visiteurs, du pied jusqu'au sommet de la montagne, en les faisant passer par une série de petits temples dédiés à des dieux différents et servant de stations de repos, bien nécessaires pour une ascension aussi longue.

En échange du thé qu'on leur offre, les pèlerins brûlent devant les autels de petits bâtons en guise de cierges, et des papiers d'or et d'argent qui représentent les métaux précieux que la pauvreté ou l'avarice des fidèles ne leur permet pas d'offrir, et dont les divinités, de bonne composition, veulent bien se contenter.

Des inscriptions gravées, soit sur les pierres de l'escalier, soit sur les rochers d'alentour, attestent la visite de quelques poètes ou lettrés, ou peut-être, comme chez nous, le passage de simples curieux.

Parmi cette agglomération de temples, il y en a qui se touchent, et d'autres qui, isolés au milieu d'épais bosquets, ressemblent à de véritables ermitages.

On y voit aussi le fameux bassin du *laisser vivre*, qui renferme les carpes sacrées, fournies par les fidèles, et qu'on y laisse, dit-on, mourir de veillesse. C'est encore au milieu du bois mystérieux qui couvre la montage que coule le ruisseau dont le courant fait résonner, à intervalles égaux, le gong sacré qui a donné son nom à la montagne, et dont les sons monotones, réguliers et continus, doivent charmer le voyageur et lui donner l'envie de se retirer du monde pour venir habiter ces pittoresques solitudes, d'où la vue peut s'étendre sur la mer, sur le cours du fleuve, sur les vallées qu'il arrose et sur l'horizon où se découpe le profil bleu des montagnes aux plus charmants contours.

Mais revenons à l'arsenal.

A tous les travaux de défenses que nous avons énumérés plus haut, il convient d'ajouter qu'en 1840, pour empêcher les Anglais de parvenir jusqu'à Fou-Tchéou, et n'ayant point alors d'autre moyen de défense, les Chinois avaient jeté du haut des murailles de granit qui encaissent les passes, d'énormes blocs de rochers, qui les obstruèrent complètement.

Depuis cette époque, on en a bien retiré et fait sauter une certaine quantité, mais il en est resté un grand nombre qu'on n'a pu faire disparaître. Or, si, en temps de paix, la navigation, en ces endroits, est lente, difficile et dangereuse, on peut se faire une idée de ce qu'elle devient quand, en temps de guerre, il faut compter en outre avec les batteries et les forts casematés, blindés, rasants, taillés dans le roc, qui commandent de toutes parts les passes et les goulets, dont le peu de largeur du chenal a permis de régulariser d'avance et presque mathématiquement le tir.

Comme on le voit, les défenses de l'arsenal de

Fou-Tchéou étaient non seulement formidables, mais on peut ajouter presque imprenables en venant par mer. Quant à l'attaquer par terre, il n'y fallait pas songer, et les Chinois n'avaient pas eu à s'en occuper, l'arsenal se trouvant complètement entouré par des montagnes et des contreforts presque infranchissables.

Et cependant c'était cet arsenal que l'amiral Courbet avait mission de détruire?

L'amiral ne s'était point illusionné sur les difficultés que son audacieuse entreprise devait rencontrer. Il sentait que chaque jour de retard était mis à profit par les Chinois, qui travaillaient avec une ardeur infatigable à compléter et à augmenter leurs ouvrages de fortification.

Aussi s'impatientait-il des atermoiements politiques qui, entravant son action, ne devaient aboutir qu'à rendre la résistance de l'ennemi plus meurtrière pour nos marins, et permettre aux Célestes d'évacuer et sauver le contenu de leur arsenal.

Les Chinois, de leur côté, comprenaient fort bien que la France chercherait à les frapper d'un coup décisif. Mais ils s'imaginaient qu'on ne pouvait les atteindre que de deux façons : par l'envoi d'un corps d'armée en Chine, ou par le bombardement d'une grande ville du littoral.

Or, l'envoi d'un corps d'armée d'une centaine de mille hommes, dans un pays qui compte 400 millions d'habitants, leur paraissait une entreprise téméraire d'une part, et, d'autre part, bien délicate pour nous dans les circonstances actuelles.

Quant au bombardement d'une ville de l'importance de Shangaï ou de Canton, ils sentaient qu'il ne pourrait guère avoir lieu sans soulever de grandes difficultés internationales. Et, de ce côté encore, ils se pensaient à l'abri.

Restait leur arsenal maritime qui, séparé de la ville de Fou-Tchéou, pouvait être anéanti sans soulever les protestations des autres puissances. Mais comment pourrait-on arriver jusqu'à lui.

Par terre, il était inabordable, et il était inadmissible que, dans les conditions décrites plus haut, une flotte, quelque forte qu'elle fût, pût tenter l'aventure, puisque les gros cuirassés ne pouvaient pénétrer dans la baie, et qu'il y aurait folie pour les autres bâtiments à affronter les feux de ces accumulations de forts et de batteries.

Aussi, imbus de l'inviolabilité de leur baie de Fou-Tchéou, les Chinois y avaient-ils mis leur flotte à l'abri, avec la double arrière-pensée de voir, à la dernière extrémité, la baie défendre la flotte ou la flotte défendre la baie et l'arsenal.

Toutes ces dispositions, quelque censées qu'elles fussent, devaient-être détruites, cependant, par le plan que l'amiral Courbet mit à exécution, avec une énergie et une habileté qui n'ont de comparable que la hardiesse avec laquelle il avait été conçu.

Depuis longtemps, l'amiral Courbet était persuadé que les Chinois, fidèles à la formule caractéristique et fondamentale de la science diplomatique du Céleste-Empire, ne chercheraient qu'à gagner du temps.

La Chine est, en effet, une grande masse inerte, inaccessible aux influences ordinaires. Sa confiance repose sur une obstination passive, tenace, qui est l'essence même du caractère de la race, et qui constitue le génie de sa politique nationale.

On pouvait se demander si, dans leur haine héréditaire contre les Européens, les membres du vieux parti chinois n'attendaient pas, avec une certaine impatience et une satisfaction déguisée, l'attaque et le bombardement des ports, qu'on les avait jadis contraints d'ouvrir. pensant que les pires conséquences ne seraient point, en définitive, pour la Chine, mais bien pour les puissances commerciales.

Qui sait s'ils ne pensaient pas aussi que, plus la France gaspillerait son temps, ses hommes et ses ressources, dans des entreprises secondaires, plus tôt elle aurait épuisé ses moyens de coercition, et plus tôt elle se trouverait forcée, de son plein gré ou sous la pression des autres nations, de se contenter d'un mauvais traité.

De là venaient les atermoiements de la diplomatie chinoise. Quand on veut en finir avec un ennemi, c'est à la tête qu'il faut frapper. De même, chez un peuple assailli, c'est à sa capitale qu'il faut s'attaquer. L'amiral avait compris que, pour vaincre la résistance des Célestes, il fallait aller directement à Pékin. Il en demanda l'autorisation, mais, pour des motifs que nous n'avons pas à examiner ici, le gouvernement refusa.

Convaincu qu'il faudrait, un jour ou l'autre, en venir aux mains, l'amiral chercha alors l'endroit où, en dehors de la capitale, il pouvait le plus sûrement atteindre les Chinois. Son choix tomba sur Fou-Tchéou et il prépara ses plans en conséquence.

La nouvelle du guet-apens de Bac-Lé ne le surprit pas. Il ne s'étonna que d'une chose, c'est que la trahison se fût démasquée si tôt.

En tout cas, il résolut de ne pas perdre de temps.

Dès le 18 juillet, profitant de ce que la guerre n'était pas déclarée et qu'on négociait encore avec la Chine, l'amiral Courbet, se rendant compte de l'énorme difficulté qu'il éprouverait à forcer le passage du seul bras navigable du Min, sous le feu des forts dont nous avons parlé, et des torpilles qu'on pourrait y établir, vint tranquillement mouiller au delà, dans l'intérieur de la baie, en face même de l'arsenal, laissant en deçà ses cuirassés, dont le tirant d'eau était trop grand pour leur permettre de naviguer dans les passes.

La flotille française, qui put ainsi pénétrer dans la rade, se composait des navires suivants :

Le Volta, à bord duquel se trouvait l'amiral, éclaireur d'escadre, bâtiment en bois avec un avant à guibre, armé de six canons de 14 centimètres et de 2 canons revolvers, commandé par M. Gigon, capitaine de frégate ;

Le Destaing et *le Villars*, croiseurs en bois avec des demi-éperons, armés chacun de quinze canons de 15 centimètres, commandés, le premier par M. Coulombaud, et le deuxième par M. Vivielle, tous deux capitaines de vaisseau ;

Le Duguay-Trouin, croiseur en bois à éperon, armé de cinq canons de 19 centimètres et cinq de 14 centimètres, commandé par M. Muret de Pagnac, capitaine de vaisseau ;

Le Lynx, canonnière en bois à éperon, armée de deux canons de 14 centimètres et de deux de 10, commandé par M. Bouet, capitaine de frégate ;

L'Aspic et *la Vipère*, canonnières en bois, à étraves droites, armées chacune de deux canons de 14 centimètres et de deux de 10, la première commandée par M. de Jonquières, et la seconde par M. Picard, tous deux lieutenants de vaisseau ;

La Triomphante, cuirassé de station, ou de 2ᵉ rang, armée de six canons de 24 centimètres, un de 19, et six de 14, sous les ordres du capitaine de vaisseau, M. Baux.

Enfin les torpilleurs, garde-côtes, porte-torpilles 45 et 46, commandés par les deux lieutenants de vaisseau, MM. Douzans et Latour.

Ainsi, aucun de ces bâtiments, sauf *la Triomphante*, n'avait de protection défensive et de bouches à feu d'un calibre supérieur à 14 centimètres. Toutes les pièces étaient en *barbette*, c'est-à-dire sur le pont à découvert.

Quant aux éperons, dont quelques-uns des bâtiments étaient munis, comme ils ne servaient qu'à allonger leurs lignes d'eau et par conséquent n'avaient pas d'autre effet que d'améliorer les qualités de navigabilité en haute mer par les gros temps, cette disposition, en rendant les virages plus lents et plus difficiles à exécuter, constituait plutôt un inconvénient qu'un avantage dans les circonstances présentes.

Le Château-Renaud, croiseur de 2ᵉ classe, avec sept canons de 14 centimètres, et commandé par M. Boulineau, capitaine de frégate, gardait la passe de Goa, avec mission de détruire au moment voulu les batteries de Couding.

Quant au cuirassé *le Bayard*, commandé par le capitaine Parrayon, il avait dû rester au mouillage extérieur de la rivière.

A Fou-Tchéou commandait Chan-Pei-Loun, commissaire impérial, spécialement délégué à la défense de la province de Fo-Ken. Partisan déclaré de la guerre il avait été un des principaux instigateurs du guet-apens de Bac-Lé, et un des promoteurs les plus ardents de la rupture des négociations.

L'arrivée de la flotte francaise dans la rade de Fou-Tchéou commença par l'étonner. Mais il ne pensa pas un seul instant que ce pût être volontairement que l'amiral commit la faute de venir se mettre ainsi dans une véritable souricière. Il supposa que l'amiral croyait sincèrement au maintien de la paix, et venait simplement se mettre à l'abri des typhons qui commencent à régner dans ces parages à cette époque, et fit des vœux pour que l'illusion de l'amiral durât assez pour l'empêcher de s'éloigner à temps.

À la fin, cependant, il eut une vague intuition de ce qui pouvait arriver. Il examina ses moyens de résistance et fit le dénombrement de la flotte.

Elle se composait d'une grande quantité de jonques chinoises armées en guerre, et de onze bâtiments de modèles européens. C'étaient :

Le Yang-Wu, croiseur armé d'un canon de 19 et de onze canons Withworth de 16 ;

Le Nan-Thin, croiseur, avec deux canons de 21 et huit avirons de 12, système Armstrong ;

Le Tsing-Yuen, aviso, avec deux canons de 16 et deux canons de 40 livres Vavasseur ;

Le Tschen-Oueï, aviso, avec deux canons de 16 et deux canons de 40 livres Vavasseur ;

Le Meï-Yun, canonnière, avec un canon de 16 et deux canons de 12 ;

Le Fu-Sing, canonnière, avec un canon de 16 et deux canons de 12 ;

Le Wan-Niang-Thing, transport aviso, avec six canons de 14 ;

Le Fu-Po, transport aviso, avec cinq canons de 14 ;

Le Feï-Yun, transport aviso, avec cinq canons de 14 ;

Deux canonnières, de nom inconnu.

La flotte chinoise était donc armée de pièces, pour la plupart des calibres 16 et 21, c'est-à-dire supérieurs aux nôtres, lançant des projectiles de 100 et 150 kilogrammes.

Courbet sur *le Volta* au moment du bombardement de Fou-Tchéou.

Aussi, en comparant aux nôtres le nombre de ses vaisseaux, la force de leur armement, en songeant à l'appui que pourraient se donner mutuellement les formidables batteries de terre et celles de sa flotte, l'audace revint à Chan-Pei-Loun, qui, de son côté, attendit impatiemment la déclaration de guerre.

Elle arriva le 22 août à l'amiral, qui réunit aussitôt sur *le Volta* tous ses officiers, et le conseil de guerre arrêta l'attaque pour le lendemain.

Le 23 août, à deux heures précises du soir, une formidable détonation se fait entendre, couvrant de bruit, de projectiles et de fumée la rade entière. Une immense clameur monte vers le ciel.

Ce sont les bâtiments français qui viennent d'ouvrir le feu sur la flotte chinoise, qui répond avec vigueur et sans désemparer, nous rendant coup pour coup, et s'acharnant surtout après *le Volta* sur lequel est arboré le pavillon amiral.

Un des bâtiments ennemis se fait remarquer par l'activité et la précision de son tir. C'est le croiseur *Yang-Wu*, qui dispose des pièces du plus gros calibre. Un de nos torpilleurs s'en aperçoit, s'élance sur lui à toute vitesse, et, en plein jour, sous une grêle de projectiles, va planter à la main sa torpille sous le bâtiment qui s'effondre aussitôt avec tout son équipage.

Son camarade en fait autant sur le *Fu-Sing*.

Écrasés par la supériorité de notre tir, et en proie à la terreur folle que viennent de leur inspirer de pareils actes d'héroïsme et les catastrophes qui en sont résultées, les marins chinois abandonnent leurs bâtiments, que l'incendie dévore, et qui sombrent de toutes parts.

Restent les batteries Krupp de l'arsenal, qui couvrent nos vaisseaux d'obus et de mitraille. La flotte française concentre alors son action sur elles, et ne tarde pas à éteindre leurs feux.

A six heures, tout est fini. Quatre heures ont suffi à nos bâtiments pour couler neuf navires, douze jonques de guerres, un grand croiseur, et réduire au silence les batteries de l'arsenal.

Le châtiment vient de commencer.

Le Volta, *la Vipère* et *l'Aspic* sont ceux de nos bâtiments qui ont été les plus maltraités, mais ils n'ont aucune avarie grave.

La nuit qui suit va être terrible. Chan-Pei-Loun ne peut pas croire à un pareil désastre. Sa fureur est telle, qu'il fait massacrer, sans pitié, un grand nombre de matelots chinois, originaires de Canton, qui ne s'étaient pourtant jetés à la nage qu'au moment où leurs navires, criblés d'obus, commençaient à couler. Mais il ne veut rien entendre, et les accuse d'avoir vendu la victoire aux Français.

Non seulement la flotte militaire chinoise avait été anéantie, mais encore de nombreuses jonques, amarrées aux rivages, sont devenues la proie des flammes. Les Chinois cherchent alors à en tirer parti comme brulôts, en les faisant dériver sur nous.

Des canots torpilles sont également lancés sur l'escadrille française. Mais on veille partout, la lumière électrique signale leurs approches, et l'on réussit à préserver de leurs atteintes les coques de bois de nos navires.

Avec la marée montante reparurent de nouveau les matières incandescentes qui étaient descendues avec le reflux. On put s'en préserver encore, grâce à une surveillance de tous les instants. Enfin le soleil se lève, et l'œuvre de châtiment va continuer.

Le 24, l'amiral coule encore deux brûlots et deux canots-torpilles, puis il bombarde et détruit entièrement l'arsenal. Nos morts de Bac-Lé sont vengés.

C'est maintenant que vont surgir les difficultés les
plus redoutables. Il s'agit de descendre le fleuve et
de forcer les passes qui sont si formidablement
armées. Il faut compter avec les difficultés d'une
navigation périlleuse, à travers les sinuosités d'un
chenal inégal de fond et semé de bancs de sable,
d'enrochements naturels et artificiels ; il faut aussi
se défendre des projectiles des batteries de terre, et
éviter les torpilles.

Pour toutes ces raisons, la flotte n'avance qu'avec
les plus grandes précautions, ne naviguant que pendant le jour, et au moment de la haute mer, pour
éviter les échouages.

C'est ainsi que, le 25, l'amiral français, livrant un
combat d'artillerie, tout en opérant de délicates
manœuvres, contrariées par la fumée des pièces à feu,
anéantit les canons Krupp de l'île Losing, ceux de
Couding et une batterie casematée voisine, armée
d'un canon Armstrong.

Le 26, on attaque la passe Mingan. Les fortifications sont détruites, malgré leur blindage en métal,
et des cartouches de fulmi-coton brisent les pièces

de construction européenne qu'elles renferment. La première passe est donc forcée.

Le 27, le goulet de Kunpaï est attaqué à son tour. Ses ouvrages casematés, ainsi que ceux à ciel ouvert, sont puissamment armés. Mais ils sont bombardés, à la fois, en aval, du côté de la mer, par *le Bayard*, qui n'avait pu remonter la passe, et, en amont, par l'escadre qui descend la rivière.

Le 28, toutes les fortifications de Kim-Paï étaient anéanties, et le passage complètement libre. Mais nous devons mentionner ici l'incident le plus remarquable peut-être de cette campagne si fertile en actions héroïques.

Une des batteries chinoises, armée de canons Krupp de 24 centimètres, était orientée de façon à diriger son feu perpendiculairement à la passe. L'amiral pouvait détruire cette batterie en restant en arrière et en y consacrant le temps et les projectiles nécessaires, mais il résolut d'agir avec une tout autre crânerie.

Sûr de ses équipages, de la discipline et de l'habileté de ses canonniers, il fait chauffer à toute vapeur et se laisse couler sous le feu de la batterie, sur laquelle il lâche toute sa bordée, dont chaque coup est si merveilleusement pointé que tous les boulets pénètrent dans les embrasures, démontent les pièces et causent un affreux carnage à l'ennemi.

La batterie ne put tirer, car elle venait d'être détruite à la course. Ce fait de guerre est un des plus beaux, des plus glorieux dont puisse se prévaloir notre marine.

Du reste, l'amiral Courbet ne cessa jamais de donner à son entourage l'exemple d'un véritable courage, c'est-à-dire du courage calme, impassible et froid.

Pour donner une idée de son intrépidité, nous ne pouvons faire mieux que de transcrire, à ce sujet, quelques lignes de l'intéressant ouvrage de M. Dick de Lonlay :

« A Fou-Tchéou, l'amiral, au début de l'action, se tenait sur la passerelle du *Volta*, où il avait arboré son pavillon.

« Au moment où il fit marquer le pavillon I (rouge et blanc) signal de commencer le combat, les Chinois, qui, depuis quarante-trois jours, observaient notre escadre et connaissaient le costume de l'amiral, font pleuvoir sur ce point une véritable grêle de projectiles.

« L'amiral descend de la passerelle pour aller visiter la batterie du pont. A peine avait-il posé le pied au bas de l'échelle qu'un obus Krupp, venant d'une batterie de terre qui tire à moins de 300 mètres de distance, perce le masque en tôle du côté tribord et enfile toute la longueur de la passerelle. Ce projectile rase le commandant Gigon du *Volta*, qui se tient à droite, tue un des hommes de barre du second rang et atteint dans le bas-ventre le pilote anglais Thomas, placé à bâbord, où il dirige les barreurs en répétant constamment : *steady! steady!* (ferme ! droit !) Ce brave homme meurt sur le coup en répétant encore son mot d'encouragement.

« L'amiral Courbet se rend alors à l'arrière du *Volta*, où le canon de retraite est installé sur un caillebotis à 30 centimètres du pont.

« Les Chinois, qui le voyaient tous les jours installé sur cette dunette, dans son grand fauteuil en rotin, dirigent leurs coups sur ce nouveau but et couvrent l'arrière du *Volta* de leurs obus.

« L'amiral, impassible, se promène au milieu des pièces, suivi de M. Maigret, son chef d'état-major, et des lieutenants Ravel, son aide de camp, et Fabre de la Maurelle, son secrétaire, et chantonne entre ses dents.

« Un premier obus Krupp rase les bastingages a peu de distance de l'amiral. Presque aussitôt un second projectile, venant de tribord, frappe sur un des montants en cuivre de la passerelle du centre, au-dessus du panneau du carré des officiers, qui sert de passage des poudres. Cet obus éclate, tue trois des marins qui montent les projectiles, blesse un canonnier d'une pièce de 14 centimètres à tribord et atteint en outre deux autres marins. Le lieutenant Ravel, qui en ce moment est allé porter un ordre de l'amiral, reçoit par cette même explosion deux blessures, la première au flanc droit et l'autre à la main droite. Les jumelles qu'il tenait dans cette main furent brisées.

« Le 25 août, quand l'amiral quitta *le Volta* pour

arborer son pavillon sur *le Duguay-Trouin*, le lieutenant de vaisseau Laperyère, second du premier navire, vint lui offrir, au nom de l'équipage, un ruban
de matelot légendé. Il voulut prononcer quelques
paroles, mais l'émotion lui serrant la gorge, il se mit
à pleurer et ne put que tendre le ruban à l'amiral,
qui désormais le porta toujours sur son chapeau de
paille. »

L'amiral n'ignorait pas les dangers auxquels il
avait été exposé ; aussi, quelques jours, après, écri-
vait-il à sa sœur qu'elle pouvait faire brûler un
cierge à la Vierge d'Abbeville, devant laquelle leur
mère aimait à tant prier.

Enfin, le 29, après toute une semaine de luttes
acharnées, l'escadre française regagnait intacte le
mouillage de l'île Matson, après avoir débarrassé le
chenal d'une ligne de torpilles, sur lesquelles les Chinois avaient compté pour anéantir ceux de nos vaisseaux qui auraient pu échapper aux coups de leur
artillerie.

Les combats de la rivière Min, où la flotte française a coulé des navires, fait sauter des brûlots,

détruit des barrages, détourné des torpilles, démonté des batteries, démoli des forts, forcé des passes, compteront certainement au nombre des actions maritimes les plus étonnantes et les plus glorieuses de notre siècle.

L'amiral Courbet, par son audace, son sang-froid, son courage, sa science militaire, la sûreté de son coup d'œil, s'est placé au premier rang des amiraux qui ont le plus illustré notre marine.

Aussi, à l'annonce de ces brillantes victoires, le gouvernement adressa-t-il à l'amiral une dépêche ainsi conçue : « Le pays, qui saluait en vous le vainqueur de Son-Tay, vous doit un nouveau fait d'armes. Le gouvernement de la République est heureux d'adresser à vos admirables équipages, et à leur glorieux chef l'expression de la reconnaissance nationale. »

Enfin, à cette occasion, un décret rendu sur la proposition du Ministre de la Marine et des Colonies lui conféra la plus haute des récompenses, en lui décernant la médaille militaire.

Sur les vingt vice-amiraux qui appartiennent actuellement à la première section du cadre de l'état-major général, cinq seulement sont décorés de la médaille militaire; ce sont : MM. Garnaud, de Gueydon, Jaureguiberry Jaurès, et Jurien de la Gravière. Parmi les six vice-amiraux, appartenant au cadre de réserve, et les douze vice-amiraux actuellement en retraite, aucun n'a été honoré de cette distinction.

VII

TORPILLES ET TORPILLEURS. — LES ILES PESCADORES
DERNIERS MOMENTS DE L'AMIRAL COURBET

Les débris de la flotte chinoise et les décombres de
l'arsenal de Fou-Tchéou fumaient encore, que l'amiral demandait à aller frapper au cœur le Céleste-Empire, sinon en allant à Pékin, au moins en remontant
jusqu'à Port-Arthur.

On lui répondit en lui donnant l'ordre d'aller faire
le blocus de Formose. Aussi, dès qu'il eut renouvelé
ses munitions, l'amiral, quittant le mouillage de Matson, vint s'embosser devant Kelung, dont il s'empara
après une résistance acharnée. Mais, comme toujours
dans cette terrible guerre, faute de troupes en nombre
suffisant, il était impossible de poursuivre les succès
remportés.

Les actions d'éclat au Tonkin ont beau se succéder
sans interruption, depuis les exploits de Garnier, les

victoires n'en restent pas moins stériles, le manque
d'effectif fait perdre le fruit des efforts les plus valeu-
reux. Aussi, en attendant de nouveaux renforts, l'amiral dut-il songer avant tout à établir solidement ses
troupes sur les positions conquises, entre autres sur
les hauteurs qui dominent la route et le canal condui-
sant aux mines. C'est pendant les longs ennuis du
blocus qu'il put étudier les mouvements et les travaux
de l'ennemi et préparer la grande attaque qui devait,
après cinq jours de combat, nous rendre maîtres des
positions chinoises autour de Kelung, en mars 1885.

Mais cette étude n'absorbait pas son temps, et, pour
tenir l'ennemi en haleine, il appareillait et allait souvent évoluer au large de façon à laisser les Chinois
dans l'incertitude de ses expéditions ultérieures.

Du reste, une des qualités dominantes de l'amiral
était une discrétion absolue sur le plan des opérations qu'il préparait avec le plus grand soin et sans
rien laisser au hasard.

L'escadre était à Kelung, quand, le 5 février, l'amiral prenant *le Bayard*, *la Saône*, *l'Éclaireur*, *l'Aspic*,
rallie à Matson, *la Triomphante*, *le Nielly*, *le Duguay-*

Trouin et se met à la recherche des navires de guerre chinois qu'il veut détruire afin de ne pas être gêné par eux quand il entrera dans une nouvelle phase d'opérations.

C'est en vain qu'on les cherche dans la rivière Min, dans la baie de Sam-Sa, dans la rivière de Nam-Quam, dans les Chusan, à Ting-Hae, à la pointe Katow, dans la passe Buffalo, à Gutzlaff. Enfin, le 13, on signale cinq navires chinois au mouillage de Sheipoo.

Ce sont les trois croiseurs en acier, armés de canons Armstrong, *Nan-Tchen*, *Nan-Choui* et *Kaitis*, qui mettent le cap au sud, tandis que la frégate *le Yu-Yen* et la corvette *le Tcheng-King* s'enfoncent en toute hâte dans la baie de San-Moon.

Laissant à *la Triomphante*, *la Saône* et *l'Aspic* le soin de surveiller les deux derniers bâtiments, l'amiral, avec *le Bayard*, *le Nielly* et *l'Éclaireur*, se lance à la poursuite des croiseurs, qu'une épaisse brume vient bientôt dérober à sa vue.

L'escadre rallie le mouillage de Sheipoo, afin d'en bloquer toutes les passes et ne pas laisser au moins échapper la frégate et la corvette.

N'ayant pas de bateaux spéciaux à sa disposition, l'amiral fait armer en torpilleurs les deux canots à vapeur du *Bayard*, et donne le commandement de l'expédition au capitaine de frégate M. Gourdon qui monte le canot n° 2, tandis que le lieutenant Duboc conduit le canot n° 1.

A huit heures du soir, l'amiral réunit ses officiers en conseil de guerre, décrit, la carte à la main, toutes les péripéties auxquelles peut donner lieu l'attaque, qui est fixée pour la nuit même.

Les canots partent, et après avoir erré une partie de la nuit, s'approchent de la frégate qu'ils coulent, après avoir essuyé le feu de ses vingt-six canons et des six cents hommes de son équipage. La défense du *Yu-Yen* fut telle que ses boulets allèrent, dans l'obscurité, fracasser et couler la corvette, *le Tchenh-King*, qui était armée de sept canons, et montée par cent cinquante hommes.

Mais, pour donner une idée exacte de l'audace d'un pareil coup de main, nous croyons utile de donner ici quelques renseignements sur l'origine et la fabrication des torpilles et des bateaux-torpilleurs qui sont appe-

lés à jouer un rôle si prépondérant dans les guerres
navales, dans la défense des côtes, et qui doivent
rendre à notre pays plus de services qu'à toute autre
région, ainsi que nous le montrerons tout à l'heure.

La torpille ou torpedo est un engin de guerre, au
moyen duquel se produisent des explosions sous-
marines ou souterraines.

Assigner une date précise à l'invention des torpilles
serait une tâche difficile. Pour ceux qui veulent faire
remonter systématiquement toutes les découvertes
modernes à l'antiquité la plus reculée, sous le prétexte qu'il n'y a rien de nouveau sous le soleil, les
torpilles descendraient du pyrophore et du brûlot des
anciens, du pétard explosible et de la fusée sous-
marine de nos pères.

Il nous paraît beaucoup plus rationnel de ne faire
remonter l'origine de ces bombes sous-marines qu'au
premier essai qu'en fit l'ingénieur hollandais Bushel,
qui s'en servit, en 1776, contre *l'Eagle*, navire anglais,
mais sans parvenir à le détruire. L'opérateur péné-
trait dans l'eau à l'aide d'un appareil spécial, attachait aux flancs du navire une gargousse remplie de

matières détonantes, et à laquelle le feu était communiqué à l'instant voulu au moyen d'une détente.

Vingt ans plus tard, le célèbre Fulton détruisit un brick d'expérience avec des bombes explosives, qu'il faisait éclater en les enflammant à l'aide d'un mouvement d'horlogerie.

En 1804, les Anglais employèrent ces torpilles flottantes contre notre flotte de Boulogne, mais le premier succès réel de cet agent destructeur ne date que de 1812, époque à laquelle un citoyen américain fit sauter *le Plantagenet* qui portait pavillon anglais.

Le Dr Jacobi fit de nouvelles études à ce sujet à l'occasion de la guerre de Crimée. Les canaux qui avoisinaient Cronstadt furent remplis par les Russes de bombes sous-marines. Un petit tube de verre, plein d'acide sulfurique et se brisant par le choc, laissait s'épancher le liquide, par un tuyau flexible, sur une solution de chlorate de potasse, dont la réaction déterminait aussitôt l'inflammation de la poudre. Les environs de Sébastopol furent défendus de la même façon.

Les Chinois les employèrent aussi contre nous en 1858.

Mais ce fut pendant la longue et sanglante guerre de Sécession des États-Unis d'Amérique, de 1861 à 1865, que ces terribles engins commencèrent à faire des ravages sérieux. Les Yankees employaient des bateaux sous-marins qui avaient le terrible inconvénient de disparaître presque toujours dans l'explosion avec leur équipage, que l'attaque réussît ou non. C'est ce qui arriva notamment lors de l'attaque du *Housatonie*, de la frégate *le New-Ironsides*, et du bélier confédéré *l'Albemarle*.

Quelques désastres du même genre signalèrent aussi la guerre du Paraguay, en 1866, et la lutte plus récente entre le Chili et le Pérou.

Le 3 juillet 1880, *le Loa*, bâtiment de garde chilien, croisait en mer. Il aperçoit une grosse chaloupe abandonnée, les voiles établies, et chargée de provisions fraîches et appétissantes. Au lieu de se demander ce qu'a pu devenir l'équipage, les Chiliens ne pensent qu'à ajouter, à l'ordinaire du bord, les bonnes et plantureuses choses dont regorge la chaloupe, accostent le petit bateau, et se hâtent de le décharger.

Tout à coup, une épouvantable explosion se fait

entendre, et, malgré ses cinq cloisons étanches, *le Loa* coule à pic avec cent vingt-cinq hommes d'équipage. Une boîte de dynamite se trouvait au fond de la chaloupe, et son appareil exploseur, qui n'était maintenu au cran d'arrêt que par le poids des provisions, avait fonctionné dès qu'on les avait enlevées.

Quelque temps après, un autre navire chilien, *le Covadonga* rencontre dans des conditions à peu près analogues un joli canot, mais complètement vide cette fois. Il est finement et soigneusement construit et vaut la peine d'être recueilli. Instruits cependant, par l'aventure du *Loa*, les marins s'approchent avec précaution, examinent, palpent, tâtent le canot suspect. On va jusqu'à soulever le plancher du fond, rien de dangereux, la prise est bonne. Le canot est alors amené sous les palans du navire, et on le hisse.

A peine est-il soulevé qu'une épouvantable explosion a lieu, le canot était à double fond, et la traction a suffi pour détendre l'appareil exploseur. *Le Covadonga* s'effondre et coule. A peine s'il reste quelques survivants sur les cent hommes qui composaient son équipage.

Mais tous ces procédés n'offraient rien de sérieusement pratique, et l'on peut dire que c'est à la France, dans sa lutte maritime contre la Chine, de 1884 à 1885, que revient le rôle le plus brillant dans l'emploi de ce terrible engin, qui change en grande partie la tactique navale

En fort peu de temps, les applications de ce nouveau genre d'attaque et de défense se sont multipliées à l'infini. Il existe maintenant des torpilles *mouillées*, *flottantes*, de *dérive-mobiles*, *fixes*, en *chapelets*.

On les désigne sous le nom de *remorquées* ou *divergentes*, quand, tenues à distance et hors du sillage du remorqueur, elles peuvent être amenées, par les manœuvres nécessaires, en contact avec les carènes ennemies. Toutes les torpilles de ce genre dérivent du prototype Harwey.

On désigne sous le nom d'*automobiles*, celles qui, moyennant le jeu d'un appareil enfermé dans leur enveloppe, peuvent accomplir certains mouvements et se transporter d'elles-mêmes d'un point à un autre. C'est ainsi que la torpille Whitehead ou torpille poisson, peut parcourir 200 mètres avec une vitesse de

10 nœuds, ou une distance de 1,500 mètres, si on ne lui imprime qu'une vitesse de 6 nœuds.

Les torpilles *dirigeables* se meuvent d'elles-mêmes comme les automobiles, avec cette différence qu'elles conservent avec l'opérateur une communication, qui permet à celui-ci d'en régulariser, modifier ou arrêter la marche, grâce aux électro-aimants d'une pile de douze éléments Bunsen, dont l'opérateur peut à volonté faire passer, interrompre ou renverser le courant qui actionne le mécanisme dirigeant.

Enfin, on appelle torpilles *portées*, celles qui, ainsi que le mot l'exprime, sont destinées à être conduites directement par une embarcation contre l'adversaire à combattre ou l'obstacle à détruire. Dans la guerre du Tonkin, en s'est servi spécialement des torpilles de ce dernier modèle. Elles se fixent à l'extrémité d'une tige assez longue pour que le porteur n'ait pas à souffrir de l'explosion. L'expérience a démontré qu'on peut tirer sans danger des torpilles contenant soit de 20 à 30 kilogrammes de poudre de guerre, soit de 6 à 7 kilogrammes de dynamite, ou de 10 à 12 kilogrammes de fulmi-coton, pourvu que la charge soit à 6 mètres de l'embarcation d'attaque, et qu'elle soit plongée à $2^m,50$ dans l'eau.

L'immense gerbe de liquide, produite par l'explosion, recouvre presque toujours complètement le torpilleur, qui serait coulé à fond immédiatement, si toutes les issues n'étaient hermétiquement closes. Le petit bateau, ainsi fermé de toutes parts, se comporte comme une véritable bouée.

Il ne faut pas oublier non plus que la matière explosive qui compose la torpille est essentiellement *brisante*, et que si elle fait brèche dans la cuirasse la plus résistante, c'est à la condition expresse d'être en *contact* avec elle. A quelques mètres, on ne ressent plus que la commotion transmise par le liquide. C'est ce qui explique pourquoi l'explosion n'est pas aussi dangereuse pour l'assaillant que pour son adversaire

Pour lancer ou porter ces terribles engins de destruction, on a dû construire des bateaux spéciaux, de forme, de grandeur, de dispositions particulières et munis de machines destinées à leur donner la plus grande vitesse de marche possible. On les a naturellement appelés des *torpilleurs*.

Le rôle de ces bâtiments minuscules consiste à s'approcher à l'improviste du navire ennemi, et déposer sous sa quille la torpille qui doit l'anéantir. Mais, pour accomplir sa mission, il faut que sa marche soit supérieure à celle de celui qu'il veut atteindre. Il faut de plus qu'il évite les projectiles de la grosse artillerie et surtout ceux des canons-revolvers, dont les navires de guerre sont tous armés, et qui peuvent lancer un obus par seconde, soit 60 à la minute ou 3,600 par heure.

En raison de tout ce que nous venons de dire, l'attaque d'un cuirassé est, elle aussi, une opération fort périlleuse, exigeant des hommes déterminés, d'un sang-froid, d'un courage et d'une expérience à toute épreuve.

Enfin, en voyant la puissance de ces petits bâtiments, on s'est demandé si le gros cuirassé n'allait pas être détrôné et complètement annihilé par le petit torpilleur ? Un avenir prochain tranchera cette question. Ce qu'il y a de certain, c'est que tous les gouvernements font, à l'envi les uns des autres, des commandes importantes de ce genre de bateaux.

Les ingénieurs et les officiers de la marine française viennent d'inventer et d'adopter un type qui permet au même bâtiment d'être à la fois *porte-torpilles* et *lance-torpilles*. De plus, la partie arrière de la quille est construite de façon à pouvoir remplacer l'hélice de mer par une autre hélice qui servira pour la navigation fluviale.

L'essai tenté en 1885 a parfaitement réussi, et en quelques jours le torpilleur n° 68 s'est rendu de l'embouchure de la Seine jusque dans les eaux de la Méditerranée en passant au travers de la France.

La puissance maritime de notre pays se trouve donc ainsi doublée, pour tout ce qui a rapport à ces engins, car nos flottilles de torpilleurs n'auront plus rien à craindre d'une traversée maritime ni des fameux canons de Gibraltar. C'est le résultat le plus important et le plus menaçant peut-être qui se soit produit depuis longtemps pour la suprématie navale de l'Angleterre.

Notre puissance maritime s'est donc accrue d'une façon formidable par la découverte de ce chemin intérieur qui permet à nos torpilleurs d'aller d'une mer à l'autre. Qui pourra maintenant, en effet, empêcher nos torpilleurs de la Méditerranée de se concentrer avec ceux du golfe de la Gascogne et de l'Océan, sur un point déterminé quelconque, pour forcer un blocus et anéantir un ennemi qui ne pourra qu'être toujours inférieur en nombre.

Si nous nous sommes un peu étendus sur cette question des torpilleurs, c'est que non seulement notre sujet la comportait, mais c'est qu'aussi l'amiral en faisait l'objet d'une étude favorite.

Pendant que l'amiral s'emparait de Kelung et que l'amiral Lespès bombardait Tamsui, les négociations de paix n'en suivaient pas moins leur cours, mais rien ne faisait supposer qu'elles dussent aboutir plutôt à un moment qu'à un autre.

Comprenant que ce n'était pas avec une poignée d'hommes, quelques braves qu'ils fussent, qu'il serait possible d'occuper une île comme Formose, qui était aussi grande que Madagascar, l'amiral avait jeté les yeux sur les îles Pescadores, petit archipel situé entre l'île Formose et le littoral chinois. La possession de ce groupe assurait un excellent point de ralliement et de mouillage pour notre flotte. Aussi, les Célestes y avaient-ils fait des travaux de défense considérables.

La prise des Pescadores, ce dernier fait d'armes de l'amiral Courbet, fut un chef-d'œuvre de tactique. Dans son conseil de guerre, il développa aux capitaines réunis son plan d'attaque. Il n'y avait que deux programmes et, par conséquent, que deux signaux. Dans chaque cas chaque navire savait d'avance quel était son poste et ce qu'il avait à faire. Par conséquent pas de confusion possible dans l'interprétation des signaux que la fumée eût pu intercepter.

L'expédition se composait du *Bayard*, de *la Triomphante*, du d'*Estaing*, du *Duchaffant*, de *la Vipère* et de l'*Annamite*, qui avait à bord deux compagnies d'infanterie de marine et une section de canons de 80 millimètres de montagne sous le commandement du chef de bataillon Lange.

Le 29 mars, à sept heures du matin, avait lieu l'attaque des forts ; l'amiral, calme sur la passerelle du *Bayard*, passe sous le feu du fort casematé et de toutes les batteries de Ponghou, de Makung, de l'île de l'Observatoire et de l'île Plate, se mettant ainsi en dehors des secteurs des feux. Puis, se laissant dériver, il démolit les pièces les unes après les autres sans qu'elles pussent tirer sur lui.

Les troupes débarquées le 29, près du Pic-du-Dôme, marchèrent le 30, sur Making dont elles s'emparaient le 31. La garnison chinoise, qui s'élevait à

Attaque des forts des îles Pescadores.

2,500 hommes, avait éprouvé des pertes considérables.

Telle fut la dernière victoire de l'amiral Courbet.

Mais celui que les balles et les obus avaient comme miraculeusement épargné, allait bientôt tomber terrassé par la maladie, à Makung, sur le lieu même de son dernier triomphe.

L'amiral était atteint depuis longtemps d'une maladie de foie ; mais les préoccupations de la guerre, le souci des responsabilités, la désolation des entraves qui rendaient ses victoires mêmes impuissantes, le climat des mers de Chine, enfin, aggravèrent certainement un état qui n'offrait rien de dangereux par lui-même.

Le 12 avril, il avait eu une première attaque de faiblesse telle que tous les membres de son état-major avaient signé une pétition pour demander au ministère le rappel en France de l'amiral.

Une pareille preuve d'affection toucha profondément Courbet, qui, après avoir remercié les signataires, déchira la pétition en murmurant :

— Moi, quitter ces braves enfants ; non, certainement !

Il ne voulait pas abandonner sa tâche avant qu'elle ne fût terminée. Les forces revinrent, mais, le 9 juin, la faiblesse reparut. Dans la journée du 10, le croiseur *l'Éclaireur* arriva d'Hong-Kong apportant la nouvelle de la signature de la paix. L'amiral semble n'avoir attendu que ce moment pour s'aliter.

Le 11, l'état de faiblesse augmente. Mais, comme l'amiral ne se plaignait jamais, n'appelait pas le médecin, personne à bord n'avait de sérieuses inquiétudes. Cependant le fidèle Jean, domestique de l'amiral, s'alarme, le Dr Doué s'inquiète. Tout ce que la science et le dévouement peuvent inspirer pour soulager un malade fut alors mis en œuvre, mais rien ne devait plus ranimer les forces disparues.

Mort de l'amiral Courbet.

L'amiral, qui a parfaitement conscience de son état, fait appeler son secrétaire particulier, M. Habert, lui donne les instructions au sujet de ses papiers particuliers, où se retrouvera ce testament écrit la veille du bombardement de Makung et ainsi conçu :

*Je laisse à la Société centrale de sauvetage des nau-
fragés toutes mes économies en argent ou en valeurs
mobilières. Ces économies, provenant de mes appoin-
tements, mes sœurs, belles-sœurs et nièces ayant une
large aisance, je pense qu'elles m'approuveront.*

Ces quelques lignes n'en disent-elles pas assez sur
le noble caractère de l'amiral.

Puis l'amiral fait demander l'aumônier du *Bayard*,
l'abbé Rogel, et le vaillant marin, qui avait vécu en
croyant, voulut mourir en chrétien, et reçut les derniers sacrements avec la foi la plus vive.

A 9 heures 45 du soir, l'amiral ouvrit une dernière
fois les yeux, les tourna vers le ciel en poussant un
soupir et mourut. Il avait cinquante-huit ans et trente-
trois ans de fidèle service.

Jetons un regard rapide sur sa carrière.

Le conquérant du Tonkin naquit à Abbeville, sous-
préfecture du département de la Somme, le 26 juin
1827. Son père, négociant en spiritueux, était un de
ces hommes pour qui la probité est une règle inva-
riable. Profondément chrétien, ce père, qui pourrait
servir de modèle à tant d'autres, éleva ses enfants

dans la pratique d'une fervente piété ; il était d'ailleurs efficacement secondé dans cette tâche par sa femme. Dans sa lettre à sa sœur, du 31 août 1884, l'amiral rend un touchant hommage à la piété maternelle :

« *Le Volta*, sur lequel j'ai mis mon pavillon, a

Maison
où est né Courbet.

Église de Saint-Riquier.

éprouvé des pertes extrêmement sérieuses. Il était le point de mire naturel de la flotte ennemie. Cependant, je n'ai pas reçu une égratignure. C'est la *sainte Vierge*, que notre mère priait avec tant de confiance, qui me préserve d'une façon manifeste. »

Pendant sa première enfance, Anatole vivait dans la liberté la plus entière, n'étant soumis à d'autres devoirs que ceux que lui inspiraient les conseils de sa mère et sa tendre piété. Aussi avait-il acquis une telle indépendance de caractère que, lorsqu'il fut admis au Petit-Séminaire de Saint-Riquier, il fut en révolte ouverte contre les règlements. Il organisa même une confrérie d'enfants turbulents, dans laquelle le grade le plus élevé devait être attribué au plus tapageur. Inutile de dire que le jeune Anatole obtenait souvent ce poste envié, et il le remplissait avec tant d'originalité que ses professeurs, tout en punissant les incartades de l'élève indiscipliné ne pouvaient s'empêcher d'en rire. D'ailleurs, ils ne désespéraient pas d'assouplir ce caractère indompté, car l'enfant se montrait pieux, et son insoumission cédait toujours aux larmes de sa mère.

Ses maîtres ne s'étaient pas trompés en prévoyant un brillant avenir pour l'intelligent enfant, et il montra bien aussi ses sentiments, surtout après sa première communion. Les livres qu'autrefois il avait en horreur devinrent ses compagnons les plus aimés.

Entré à l'École Polytechnique en 1840, il en sortait deux ans plus tard, aspirant de marine de première classe. Enseigne de vaisseau le 1ᵉʳ décembre 1852, il est nommé lieutenant de vaisseau le 29 novembre 1856, et reste en cette qualité, de 1859 à 1861, sur le vaisseau-école *le Montebello*, où l'on faisait des expériences comparatives sur les différents canons employé dans la marine. En 1860, il fut nommé rapporteur de la commission d'artillerie établie sur ce vaisseau.

Il passe à la division du Levant où le contre-amiral de Dompierre d'Hornoy eut l'occasion d'apprécier l'énergie et le sang-froid extraordinaires dont Courbet fit preuve dans un terrible ouragan.

Capitaine de frégate le 14 août 1866, le contre-amiral de Dompierre, chargé du commandement d'une division navale cuirassée, le prend immédiatement en qualité de chef d'état-major.

Chevalier de la Légion d'honneur, le 22 octobre 1867, ses services à la division navale lui valent la croix d'officier, le 30 décembre 1868.

Toujours sur la brèche, on lui donne le commandement de l'aviso à hélice *le d'Estrées*, qui faisait partie de la division des Antilles. Il est nommé capitaine de vaisseau le 11 août 1873, rentre en France, reçoit le commandement du cuirassé de 1er rang *la Savoie*, le 3 octobre 1873. Le 23 juillet 1873, on lui donne la cravate de commandeur. Nommé gouverneur de la Nouvelle-Calédonie, il y reçoit en arrivant son brevet de contre-amiral

Il revient à la fin de 1882 de son gouvernement de Calédonie, reste trois mois à Paris, part pour Cherbourg et de là en Extrême-Orient comme commandant de la division navale du Tonkin. La prise de Son-Tay lui vaut sa plaque de grand-officier, 20 décembre 1883. Enfin le 1er mars 1884, il est nommé vice-amiral et commandant en chef d'une nouvelle escadre dite d'Extrême-Orient.

Il est impossible de trouver une existence plus laborieuse et mieux remplie.

On l'a dit et, nous ne pouvons que le répéter : jeune encore, vigoureux de cœur et d'esprit, ayant, de l'aveu unanime de ses pairs, toutes les qualités qui font le commandement précieux aux siens, redoutable aux ennemis, Courbet était, sur mer, notre premier champion.

Les Abbevillois étaient, à juste titre, fiers de leur concitoyen.

Laissons la parole à l'éloquent évêque d'Angers :

« La voix de la famille et celle de la religion, ces deux échos de Dieu dans la conscience humaine, ne tardèrent pas à triompher d'une indépendance de caractère qui demandait à être assouplie au devoir. Cédant à des remontrances auxquelles l'amitié fraternelle prêtait une force irrésistible, Anatole Courbet prit l'engagement, sinon de garder constamment le premier rang, du moins de ne pas descendre au-dessous du second dans ses compositions. Il tint parole au collège d'Abbeville, comme plus tard au lycée d'Amiens et au lycée Charlemagne. C'est qu'il avait trouvé sa véritable voie, celle des mathématiques. Elles devaient convenir, en effet, à son esprit net et positif, ces sciences exactes qui, par la sévérité de leur méthode, la rigueur de leurs déductions, la précision de leurs formules et leur indiscutable certitude, tiennent une si grande place dans l'ensemble des connaissances humaines : disciplines puissantes, qui, loin

de rien ôter au jugement de sa rectitude, accoutument
l'esprit à procéder avec ordre, à marcher sans cesse
du connu à l'inconnu et du simple au composé, à
suivre jusqu'au bout le fil d'un raisonnement, à porter une attention continue sur un même sujet, à écarter les idées vagues, les aperçus incomplets, pour
saisir en toutes choses, avec le point précis de la difficulté, le principe de la vraie solution ; admirables
sciences qui, à force d'opérer sur les lois de cet uni-
vers que Dieu a fait « avec nombre, poids et mesure »,
ont pu ouvrir à l'analyse un champ illimité, se créer,
à l'aide de quelques signes, une langue universelle,
merveilleuse de concision et de clarté, et, par leurs
applications fécondes, influer sur la destinée des
peuples, depuis le géomètre de Syracuse, qui mettait
au service de sa patrie défaillante les ressources de son
génie, jusqu'au modeste ingénieur qui, hier encore,
demandait au calcul des forces motrices une nouvelle
arme pour protéger l'honneur et l'indépendance de
son pays.

« Courbet entra à l'École Polytechnique où l'appelait son amour pour les sciences abstraites. Il s'y dis-

tingua et rapidement conquit les premiers grades. A sa sortie, il portait les galons de sergent-major. Par son numéro d'examen, Courbet avait le droit de choisir la carrière qu'il voulait embrasser, et il désirait entrer dans la marine, cette noble profession, dont chaque incident est un problème souvent insoluble, problème se rattachant à toutes les sciences sans exception. Cette vie de voyages, de dangers, de dévouements, séduisit le jeune homme, qui passa sur *la Capricieuse*, en qualité d'enseigne, puis, comme commandant en second, sur *le Coligny*. Ayant une grande puissance de travail, Courbet se fit bientôt remarquer par ses hautes capacités et devint d'abord instructeur de l'École des canonniers du *Montebello*, puis directeur de l'École des torpilles.

« A l'esprit scientifique qu'il possédait à un si haut degré, dit Mgr Freppel, le commandant Courbet joignait cette patience de travail qui, sans négliger les vues d'ensemble, n'oublie aucun détail dans l'accomplissement d'un service ; ce sens ferme et droit que ni les préjugés ni les illusions ne parviennent à troubler ; cette énergie de caractère aussi incapable de se lais-

ser arrêter par les obstacles que par les contradic-
tions; ce sentiment de la justice qui, avec la bonté
d'âme, concilie au chef l'affection de ses subordonnés ;
cet ascendant que donne une haute intelligence servie
par une volonté inébranlable ; ce mélange d'audace
et de prudence sans lequel les grandes entreprises ne
se conçoivent ni ne s'exécutent; et, par-dessus tout,
cette qualité maîtresse de l'homme de guerre qui,
après avoir préparé le succès à force de prévoyance,
sait l'obtenir par une action aussi prompte que sûre.

« Mais ce que je suis heureux de pouvoir ajouter
devant ces autels, en présence de ce grand Dieu qui
« juge les justices mêmes », c'est que l'homme religieux et moral était à la hauteur du savant et du
soldat. Fidèle aux traditions chrétiennes restées l'honneur et la force de la marine française, Courbet donnait aux équipages placés sous ses ordres l'exemple
d'une foi vive et sincère. Ils en rappelaient naguère
le touchant souvenir, ces aumôniers de la flotte qui
avaient pu le voir, à bord du *Richelieu* et du *Solfé-
rino*, assistant au saint Sacrifice de la Messe avec un
profond recueillement et suivant, dans la « Journée

du chrétien », les actes et les prières de la liturgie. Elle en gardera pour toujours le pieux témoignage, cette église qui s'élève sur les hauteurs de Montmartre comme une réparation du passé et un gage d'espérance pour l'avenir.

« Aucun homme public de notre temps ne souhaitait plus vivement que l'amiral Courbet la reprise de nos traditions coloniales : il y voyait, pour notre pays, le moyen de jeter dans l'avenir les assises de sa puissance et de conserver sur mer sa part de souveraineté. Seulement, il aurait voulu qu'on apportât dans ce vaste projet plus de décision et d'esprit de suite. On le vit bien, lorsque, nommé gouverneur de la Nouvelle-Calédonie, il déploya autant de fermeté que de sagesse dans l'administration d'une île où le problème de la colonisation se complique d'une difficulté particulière. Réprimer sévèrement toute tentative de révolte parmi les coupables que la mère patrie met en état de se créer une nouvelle existence au-delà des mers; leur procurer toutes les ressources nécessaires pour la réhabiliter dans un milieu où la propriété, le travail et la famille peuvent les rendre à une vie honnête et respectée ; protéger, d'autre part, la population française contre les agressions d'indigènes que leurs habitudes et leurs mœurs ont retenu si longtemps au dernier rang de l'échelle sociale : telle est la tâche qui s'offrait à l'amiral Courbet, et il sut la remplir avec cette vigueur et cette promptitude de résolutions qu'il avait coutume de montrer dans l'exercice du commandement. Quelques mois lui suffirent pour pacifier entièrement cette île qui, avec les Nouvelles-Hébrides, son prolongement naturel et nécessaire, formera dans l'avenir l'un des joyaux les plus précieux de la couronne de France.

« Mais, en même temps qu'il s'appliquait à développer tous les éléments de la prospérité matérielle, le gouverneur de la Nouvelle-Calédonie n'oubliait pas que la religion est la condition essentielle et la base même de toute colonisation. Il savait que, toujours et partout, les missionnaires ont été l'avant-garde de la France chrétienne ; que, de Madagascar en Cochinchine, ils nous ont frayé la voie à travers toutes les régions où nous sommes allés planter le drapeau national ; qu'ils ont fécondé chacune de nos conquêtes

par les sueurs de l'apostolat et par le sang du martyre ;
et que, d'ailleurs, aucune contrée ne s'ouvre à la
civilisation, à moins que la croix ne vienne se dresser
au milieu d'elle comme le symbole de la lumière et
du sacrifice. Aussi, lorsqu'une politique aussi étroite
qu'imprévoyante voulut le contraindre à expulser de
leurs établissements les Pères Maristes, sans le concours et l'influence desquels la Nouvelle-Calédonie
serait aujourd'hui une terre anglaise, le noble officier,
peu soucieux d'une disgrâce qui allait suivre de près
sa résistance, refusa énergiquement de prêter la main
à des mesures que la reconnaissance, à défaut de la
loi et du respect de la propriété, aurait dû suffire à
écarter de l'esprit d'un pouvoir quelconque. Grand
exemple, amiral, que vous avez donné par là aux
dépositaires de la puissance publique ! Vous leur avez
enseigné qu'il y a des droits supérieurs auxquels le
caprice de l'homme ne saurait porter atteinte ; que,
dans ce qui touche à l'ordre religieux et moral, la sou-
mission a des limites au-delà desquelles elle deviendrait
une faiblesse ; et que la conscience, placée entre l'intérêt
et le devoir, doit toujours aller du côté où la loi de Dieu

lui indique le droit chemin de la justice et de la vérité.

« De tels hommes peuvent bien être méconnus pour un temps ; mais leurs qualités les désignent à la confiance publique, dès l'instant où les besoins du pays appellent les grands talents et les grands caractères. Il y a deux ans, la France se trouvait aux prises avec l'une de ces difficultés qui demandent, pour être résolues, la sûreté d'un coup d'œil et la vigueur dans l'action. A la suite d'initiatives plus héroïques que sages, il s'agissait, pour notre pays, d'assurer ses possessions de l'Indo-Chine, ou bien de renoncer pour toujours au prestige de son nom et de ses armes dans tout l'Extrême-Orient. Le choix ne pouvait être douteux pour une nation jalouse de venger son honneur et de maintenir ses droits. Déjà Fénelon, du haut de la chaire chrétienne, saluait, dans le lointain de ses espérances, ces régions de l'Annam et du Tonkin qui avaient appris depuis, plus d'un siècle, à respecter et à bénir le nom français (1). A la veille de tomber victime de nos discordes civiles, la monarchie

—————

1 Sermon pour la fête de l'Épiphanie, *Sur la vocation des Gentils.*

s'était acquis, en retour du plus signalé des services, un droit de protection garanti par un pacte solennel. Pressentait-il dès lors, dans l'ardeur de son patriotisme, cet illustre évêque d'Adran, le conseiller de Louis XVI, qu'il arriverait un jour où la formation d'un empire indo-chinois deviendrait pour son pays le moyen de rétablir un équilibre rompu par la perte des grandes Indes? Le cœur a ses intuitions comme le génie. Toujours est-il que, à cent ans de là, nous avons repris, pour l'agrandir, cette portion du patrimoine national. Ah! sans doute, Messieurs, l'héritage d'un passé comme celui de la France est lourd à porter, parce que, à côté de l'honneur, le dévouement y entre pour une large part. Alors même que la violation des traités, succédant à de cruelles persécutions, la rend juste et légitime, la guerre a des extrémités devant lesquelles reculeront toujours la raison et la conscience des peuples. Mais, du moins, ces grandes souffrances ne demeurent-elles pas stériles : car rien de fort ni de durable ne se féconde ici-bas que sur le sacrifice ; et l'on s'attache à une cause par les efforts qu'elle coûte. Voilà pourquoi cette terre du Tonkin, qui a

bu le sang de nos soldats avec celui de nos martyrs,
restera pour toujours une terre française; nous y avons
laissé trop de tombes, pour ne pas y laisser encore
le drapeau qui les couvre de ses plis ; et si jamais
une pensée de défaillance venait à l'emporter sur le
sentiment de l'honneur, les ossements des vainqueurs
de Sontay, de Bac-Ninh, de Thuen-Quang tressaille-
raient à la simple annonce d'un abandon qui, livrant
la faiblesse désarmée aux coups de la force brutale,
imprimerait au nom français une tache ineffaçable.

« Mais, pourquoi parler de l'avenir, quand c'est le
passé, et un passé d'hier que j'ai à vous rappeler?
Aussi devrai-je être court, en voulant refaire un récit
qui est encore sur toutes les lèvres ou plutôt dans
tous les cœurs. A peine arrivé sur le théâtre de la
lutte, l'amiral Courbet a vu du premier coup d'œil sur
quel point il faut porter l'effort pour obtenir le succès.
Il part de Touranne à la tête de son escadre, se dirige
vers les forts de Thuan-An qu'il prend d'assaut sous la
protection d'un feu bien nourri, force l'entrée de la
rivière de Hué et va dans la capitale dicter un traité
de paix à l'ennemi étonné d'un coup demain aussi hardi

qu'habilement exécuté. Une campagne de cinq jours
lui a suffi pour réduire l'Annam. De là, sans perdre
un instant, il tourne ses regards vers le Tonkin, où
une action énergique et immédiate pourrait faire tomber une résistance que le temps rendrait plus opiniâtre. Trois mois se passent, trois mois trop longs au
gré de l'homme de guerre pour qui tout retard ajoute
à la difficulté. Enfin, il peut agir, et alors tombe de sa
plume ce mot du soldat qui se souvient du chrétien :
« Nous ferons de notre mieux, et la Providence fera le
reste (1). » La prise de Son-Tay est en tête de son
plan d'opérations : il marche sur cette place réputée
imprenable, avec sa faible armée qu'il partage en
deux colonnes ; l'une et l'autre se rejoignent devant
les ouvrages avancés qu'elles emportent après une
résistance désespérée ; la ville cède à son tour malgré
les formidables retranchements qui la protègent, et la
citadelle abandonnée témoigne de l'impression produite par la bravoure de nos soldats et par l'habileté
de leur chef. Encore quelques jours, et Bac-Ninh
tombera sous les coups du vainqueur ; le Tonkin tout

(1) Lettre du 1er novembre 1883.

entier, surpris par la rapidité foudroyante de cette marche, va se ranger sous nos lois, avant qu'un nouvel adversaire, plus redoutable que le premier, entre en ligne pour rallier des bandes dispersées et vaincues.

« Pourquoi faut-il que des motifs étrangers à l'art de la guerre soient venus arrêter l'amiral Courbet dans le cours de ses victoires ? Ah ! je comprends comme vous tous, Messieurs, la douleur dont il a dû être saisi en se voyant brusquement séparé de ses compagnons d'armes, au moment où il allait les conduire à un triomphe qui lui semblait certain. Je comprends ces épanchements intimes du soldat qui redoute, pour l'honneur et les intérêts de sa patrie, les hésitations du pouvoir, les lenteurs de la diplomatie, les luttes des partis politiques, et qui, devant la mauvaise foi dont il est témoin, ne connaît qu'un moyen efficace d'en avoir raison : les grands coups portés d'une main ferme et sûre. Les natures de cette trempe s'accommodent peu des demi-mesures, et leur magnanimité s'irrite de ne pas trouver, là surtout où elles se croient le plus en droit de la chercher, une énergie qui égale la leur.

« L'homme du devoir et de la discipline était rentré à bord du *Bayard*, où il allait rendre à sa patrie des services encore plus éclatants que ceux de la veille. Sans doute, ses vastes conceptions ne devaient pas se réaliser en face d'un courant d'opinion moins porté vers la guerre que vers la paix et devant des puissances étrangères plus soucieuses de protéger leurs intérêts que de servir les nôtres. Mais que de brillants faits d'armes dans cette campagne de six mois qui s'ouvre à Fou-Tchéou pour se terminer aux îles Pescadores ! S'il n'est pas donné à l'amiral Courbet de remonter à Port-Arthur pour frapper au cœur la puissance ennemie, il ira dans la rivière Min détruire la flotte chinoise, briser les moyens de défense accumulés sur les deux rives depuis vingt ans, et, sortant d'un défilé dont cent obstacles semblaient devoir lui fermer l'issue, ramener en pleine mer son escadre triomphante, après avoir accompli, aux applaudissements de la marine de tous les pays, une opération dont la hardiesse rappelle les exploits les plus audacieux de Jean Bart et de Duguay-Trouin. Il ira, le long des côtes de la Chine, dans une croisière mémorable à jamais, appliquer cette science navale dont il a suivi tous les progrès, et montrer par une expérience décisive ce que l'on peut attendre des batteries flottantes, quand on a pour les manier, au péril de la vie, des héros comme ceux des canots du *Bayard*. A Kélung, et pendant tout le blocus de Formose, de cette île si bien faite pour tenter une politique d'avenir, il ira déployer cette constance du marin plus admirable encore dans sa lutte de chaque jour contre les éléments de la nature qu'au milieu des combats où l'énergie croît avec le danger. Enfin, couronnant sa carrière par un dernier coup d'éclat, il ira conquérir pour la flotte une station militaire dans les mers de Chine et s'emparer des îles Pescadores après un combat de trois jours, où l'on ne sait ce qu'il faut admirer davantage d'une prévoyance qui ne laisse rien au hasard, d'une direction à laquelle n'échappe aucun détail, ou bien d'un calme ou d'une décision si propres à soutenir la confiance d'une poignée de braves combattant à trois mille lieues de la France.

« Que ne pouvait-on, Messieurs, espérer de l'homme de guerre auquel deux ans avaient suffi pour révéler au monde de si hautes qualités ? Et quel motif de confiance pour le pays de se sentir en possession d'une gloire à laquelle de plus grandes luttes n'auraient pu qu'ajouter un nouveau lustre ! Il n'entrait pas sans doute dans les desseins de la Providence qu'une telle force nous fût réservée pour l'avenir. Lorsque, du haut de la montagne des Pescadores, l'amiral Courbet entouré de ses compagnons d'armes, leur montrait avec une légitime fierté cette nouvelle conquête qu'il espérait pouvoir conserver à la France, c'était, pour son cœur de soldat, la joie qui précède le sacrifice suprême. Il touchait à ce moment où, les honneurs de la terre n'ayant plus rien qui puisse égaler le mérite, Dieu seul se réserve de décerner aux hommes des récompenses aussi grandes que leurs œuvres. Vainement le pressait-on de toutes parts d'aller demander à la terre natale la réparation de ses forces épuisées sous la zone torride : « Moi, répondit-il, en montrant ses marins, quitter ces braves gens, jamais ! » La paix ne lui semblait pas assurée ; dès lors sa résolution était prise : « Mon devoir, disait-il en se dérobant aux instances les plus vives de l'amitié, mon devoir est de rester ici, et j'y resterai jusqu'au bout. » C'est au milieu de ces braves, qu'il allait montrer comment savent mourir les hommes qui ont fait du devoir la règle de leur vie. Ils l'avaient vu calme et intrépide sous le feu de l'ennemi ; ils le verront opposer à la souffrance une égale sérénité, s'oublier lui-même pour ne s'occuper que des autres, remplir sa charge comme si la fatigue et la douleur n'avaient aucune prise sur son âme, descendre à terre chaque jour pour visiter les blessés, et conserver jusqu'à la fin cette force de volonté qui n'avait jamais connu de défaillance. Comme cet empereur romain près d'expirer et disant d'une voix ferme au centurion qui venait tous les matins lui demander le mot d'ordre : *Laboremus*, « Travaillons », on verra l'amiral Courbet se traîner à son bureau la veille de sa mort, et là, d'une main tremblante, rédiger ses derniers ordres, en vrai soldat chrétien qui, en face du trépas, attend tranquillement sous les armes que Dieu et la patrie viennent le relever de son poste.

« Dieu ! ah ! Messieurs, comment n'aurait-il pas tourné vers Dieu le dernier regard de son âme ? Avant de partir pour le Tonkin, n'était-il pas allé, pèlerin plein de foi, se placer, lui et son escadre, sous la protection de sainte Anne d'Auray ? En réclamant avec tant d'instance le ministère des prêtres de Jésus-Christ pour ses frères d'armes, n'avait-il pas mérité que la religion vînt le consoler et le fortifier lui-même à ses derniers moments ? Aussi, quel calme et quelle touchante simplicité dans l'accomplissement des actes qui préparent le chrétien à paraître devant le Juge suprême ! Comme toutes les âmes vraiment fortes et qui ont senti par elles-mêmes le néant des choses de ce monde, l'amiral a compris que la vie présente n'est qu'un passage à la vie future ; que, pour être admis à contempler le Saint des saints face à face, l'homme a besoin d'être purifié de ses fautes, et que, seule, la religion, avec les pouvoirs du pardon dont elle est dépositaire, peut ouvrir devant nous les portes de l'éternité bienheureuse. C'est avec la foi la plus vive qu'il s'incline sous la main bénissante du prêtre, en serrant sur sa poitrine le signe de la piété chrétienne qui ne l'avait jamais quitté au milieu des hasards de sa périlleuse carrière. Il pourra mourir désormais, comme il a vécu, sans peur et sans reproche, le regard vers le ciel, après

un adieu suprême à sa famille, objet d'une affection si
tendre, à sa patrie, dont les joies et les tristesses ont été
constamment les siennes ; et, quand la fatale nouvelle
de sa mort aura jeté la consternation d'un navire à
l'autre, quand le morne silence d'un équipage en pleurs
lui aura fait un éloge funèbre auprès duquel pâliront
tous nos discours, en face de cet océan qui prête sa majesté aux grands deuils comme aux grands triomphes,
devant ces îles, dernier trophée d'une série de victoires sans revers, debout sur *le Bayard* devenu un
cercueil après avoir été le théâtre de la gloire, la religion pourra redire, pour l'instruction de tous les
âges, en montrant les dépouilles du héros chrétien :
*Confiteantur Domino qui descendunt mare in navi-
bus, facientes operationem in aquis multis :* « Rendez
hommage au Seigneur, vous qui descendiez sur mer
dans les navires, et qui faites vos opérations au millieu
des grandes eaux. »

« Ces paroles, amiral, dans lesquelles se résume
votre vie, nous les répétons en ce jour où les prières
de l'Église, plus durables dans leur effet que tous les
honneurs du monde, descendent sur vos dépouilles

au milieu de votre ville natale. Ah ! vous aurez rendu
à la France d'immortels services. Vous n'avez pas
seulement attaché votre nom à des conquêtes dont
l'avenir montrera tout le prix ; mais, en portant le
pavillon haut et fier dans les mers lointaines, vous
avez relevé votre pays à ses propres yeux ; vous avez
ajouté à sa confiance dans la grandeur de ses destinées ; vous avez prouvé par votre exemple ce qu'il
tient en réserve d'intelligence et de bravoure, et
quelles merveilles on peut obtenir de l'armée française,
quand on sait la conduire avec énergie et talent. Et
puis, ces manifestations unanimes autour de votre
mémoire ne sont-elles pas faites pour ouvrir nos cœurs
à l'espérance? Serait-il possible que votre cercueil
eût traversé la France d'une extrémité à l'autre, salué
sur son passage par le respect de tous, sans laisser
derrière lui une pensée de paix et d'union? S'il est
pénible de voir la division parmi les enfants d'une
mère qui souffre, et pour nous, cette mère, c'est la
France ! si le cours des événements nous a mis en
face de tout un ordre de choses sur lesquelles l'opinion
se partage, vous nous avez enseigné par votre dévoue-

ment à la cause commune, par votre esprit de sacrifice et d'abnégation, que tous les partis doivent s'effa-
cer, et tous les ressentiments se taire, du moment
qu'il s'agit de l'honneur et des intérêts de la patrie.

« Grand Dieu ! qui, depuis l'origine de la France,
n'avez cessé de proportionner vos grâces à sa mission,
et qui, pour manifester sur elle vos desseins de misé-
ricorde, avez, aux plus mauvais jours de son histoire,
fait germer l'héroïsme militaire avec la sainteté jusque
dans le cœur d'une pauvre fille des champs, Dieu de
Godefroy de Bouillon, de saint Louis et de Jeanne
d'Arc, suscitez parmi nous des serviteurs du pays
qui soient en même temps des fils dévoués de l'Eglise,
des hommes en qui la religion et le patriotisme
s'unissent, comme dans l'amiral Courbet, pour élever
leur âme à la hauteur du devoir. Ajoutez à ce patrimoine d'honneur que les siècles nous ont légué, en
ramenant parmi nous ce qui fait la force d'une nation,
les grands cœurs et les grands caractères. Tout ce
qui profite à la France tourne au bien de votre Église,
car, entre l'une et l'autre, il y a des liens d'amour
qui ne se rompront jamais. »

VIII

FUNÉRAILLES DE L'AMIRAL

Qu'ajouter à cette magnifique oraison funèbre qui retrace si bien la vie du défunt, sinon quelques détails sur les funérailles de l'amiral.

A la nouvelle de la mort de l'amiral, les vaillants marins, qui avaient vu si souvent la mort de près, pleuraient et sanglotaient comme des enfants. *Le Bayard* ressemblait à un immense cercueil où chacun s'agenouillait dans un respectueux silence. Sur le passage du navire qui ramenait en France le glorieux défunt, des honneurs inusités sont rendus à sa mémoire.

A son arrivée en France, les troupes sont rangées sur l'esplanade des Invalides et attendent le char funèbre couvert de lauriers et de couronnes. On avait rarement vu un pareil concours pour rendre les derniers honneurs à un soldat chrétien; l'Église et l'État étaient représentés par leurs dignitaires. L'archevêque de Paris donna l'absoute.

A Abbeville, les obsèques ne furent pas moins
solennelles. La place qui venait de prendre son nom,
Amiral-Courbet, était garnie sur tout son pourtour de
mâts supportant des drapeaux et des oriflammes,
entourant des écussons où on lisait les noms des lieux
où le marin s'était illustré.

Une tente, dressée devant la Justice de paix, supportait un trophée d'armes, au milieu duquel flottait
au centre de drapeaux tricolores, un drapeau chinois,
fac-similé de celui conquis à Fou-Tchéou.

Le port de Saint-Valéry avait envoyé deux ancres
énormes, qu'on avait plantées de chaque côté; le
buste de l'amiral était placé devant le catafalque.
Mais ce n'est pas là qu'était son corps ; il attendait
à l'église, la maison de Dieu, veillé, le jour, par des
Sœurs de charité ; la nuit, par le clergé de Saint-Wulfran.

Rien n'est imposant et gravement triste comme
cette collégiale avec sa nef couverte de tentures lamées d'argent, et dans le fond sa grande croix

blanche ; à l'extérieur, le portail a été tendu d'une draperie avec écusson aux initiales de Courbet.

La veille de l'enterrement, à cinq heures du soir, le corps avait été porté sous le catafalque de la place Courbet. M. le curé de Saint-Wul-fran et un vicaire, en habits sacerdotaux, avaient accompagné le cercueil jusqu'à la porte de l'église, les lois que nous subissons leur défendant d'aller plus loin ; mais le maire

Funérailles de l'Amiral.

l'invita à le précéder jusqu'au catafalque.

En arrière, les marins du *Bayard* portaient l'uniforme et les décorations; puis le maire, les adjoints : et la Société *l'Abbevilloise* soutenait sur un brancard l'épée d'honneur.

Cette épée était un glorieux et triste souvenir.

Cinq mois plus tôt, une souscription publique l'avait acquise pour la mettre au côté du glorieux enfant de la ville à son retour du Tonkin. C'était sur son cercueil qu'elle était déposée. Œuvre de Froment-Meurice, on peut dire qu'elle fut un des plus beaux bijoux de cet artiste célèbre. Sur la lame sont gravés les noms des victoires. La poignée représente des figures allégoriques ciselées au milieu de pierres précieuses ; sur la coquille, d'un côté, les armes de la ville ; de l'autre, ce seul mot : *le Bayard.*

Lorsque le cercueil eut été placé sous le catafalque, les autorités se retirèrent ; la Société de gymnastique fit la garde pendant la nuit ; la lueur verte des lampadaires jetait sur la place ses reflets dans lesquels les hommes de garde passaient comme des ombres.

Le lendemain, 1ᵉʳ septembre, six cents prêtres précèdent Mᵍʳ Jacquenet, évêque d'Amiens, escorté de son chapitre. Un immense cortège se forme depuis l'hôtel de ville. En tête, la famille de l'amiral, puis le maire, la municipalité, l'état-major du *Bayard*, le Ministre de la Marine et son état-major, des amiraux, des généraux, des officiers de toutes armes et, enfin, la ville entière.

La famille, les évêques de Limoges et d'Angers, la municipalité, les Ministres prennent place dans le chœur de Saint-Wulfran.

La messe est célébrée par Mgr Jacquenet. Mgr Freppel prononce l'oraison funèbre. Avec quel recueillement on écoute l'orateur chrétien, dont l'éloquence est à la hauteur des mérites de l'éminent soldat, du

Monument funèbre
de l'amiral dans le cimetière d'Abbeville.

chrétien fidèle, dont il montre les grandes actions et le noble caractère !

Au cimetière, dans un terrain donné par la ville, se trouve un caveau, où le corps est descendu. Sur ce terrain est élevé aujourd'hui le superbe monument qu'on vient admirer comme une merveille de l'art chrétien. Il est dû au ciseau du sculpteur Miron.

C'est une pyramide tronquée, entourée d'un crêpe et surmontée du buste de l'amiral, en bas, une figure allégorique. « la France en deuil », et un marin portant une branche de laurier avec laquelle il inscrit sur la pyramide le nom de Courbet ; des urnes funéraires l'environnent.

On voit aussi au Musée le buste de l'amiral reposant sur des feuilles de laurier ; sur le socle, on lit ces quatre vers :

> Heureux qui, comme toi, pleuré par sa patrie.
> Peut, de son banc de quart, descendant au tombeau,
> Sans reproche et sans peur, sur sa tâche finie,
> Se coucher triomphant dans les plis du drapeau.

Alfred DE BESANCET.

Enfin, cette inscription, gravée sur le marbre, figure sur la maison où est né l'amiral, rue de l'Hôtel-de-Ville, 21 :

DANS CETTE MAISON EST NÉ

LE 26 JUIN 1827

COURBET

VICE AMIRAL

GRAND OFFICIER DE LA LÉGION D'HONNEUR

DÉCORÉ DE LA MÉDAILLE MILITAIRE

COMMANDANT EN CHEF DE LA FLOTTE FRANÇAISE

DANS LES MERS DE CHINE

MORT LE 12 JUIN 1885

A BORD DU VAISSEAU AMIRAL « LE BAYARD »

A MEKUNG (ILES PESCADORES)

Plaque commémorative. posée en exécution de la délibération du Conseil municipal d'Abbeville du 15 juin 1885.

On ne sera pas surpris que. dans son testament. l'amiral ait déclaré refuser les honneurs militaires, si les marins qu'il a si souvent conduits à la victoire ne devaient pas suivre son convoi à l'église et qu'il ait consigné dans un acte public cet éclatant témoignage de foi et de piété :

« Je suis souscripteur de 200 francs pour la construction de la chapelle de la marine à Montmartre, église du Vœu National. Je vous serai obligé de faire remettre ces 200 francs, *en mon nom*, à M. Danchez, trésorier de l'œuvre. Je dis bien *en mon nom*, et je le répète, pour qu'il n'y ait aucune incertitude dans l'esprit du trésorier, qui a reçu et reçoit pas mal de souscriptions anonymes. »

Par la publication de documents semblables, les amis de l'amiral Courbet ont, sans doute, préservé ses restes glorieux des funérailles antireligieuses qui lui étaient réservées au Panthéon.

L'épée et les décorations du vainqueur de *Son-Tay* reposent aujourd'hui dans la chapelle de la marine, à Montmartre, appelée *Stella-Maris*.

L'amiral Courbet fut avant tout l'homme au travail incessant, de la modestie la plus sincère, de l'abnégation la plus complète. Il fut aussi le modèle le plus accompli du devoir et de la discipline.

C'était un noble cœur et un grand caractère. Type admirable du soldat chrétien, sa devise se résumait en ces deux mots : Dieu et la France.

Nous terminerons par l'ode suivante, de François

Coppée, de l'Académie française, qui fut lue à la
réunion de la Société centrale de Sauvetage des nau-
fragés, à laquelle Courbet avait fait des legs considérables, et qui était présidée par l'amiral de Montaignac.

Quinze ans avaient passé depuis l'époque sombre,
O France ! où ton effort succombant sous le nombre,
     L'honneur seul avait survécu.
Et, depuis les jours noirs de l'effroyable épreuve,
Tes soldats n'avaient plus qu'une bannière neuve,
     Le triste drapeau du vaincu :
Et quand un régiment passait, musique en tête,
Avec son étendard datant de la défaite,
     Nous nous rappelions nos revers
Et nos chers vieux drapeaux, si criblés par les balles
Que, lorsque les gonflait le vent, par intervalles,
     On voyait l'azur au travers.
Et nous disions: « Drapeaux d'hier, drapeaux sans joie !
Qu'il vienne donc, enfin, le Chef qui vous déploie
     En plein soleil, sous le ciel bleu :
Et, commandant d'escadre ou général d'armée,
Qu'il vous donne, parmi la poudre et la fumée,
     Le noble baptême du feu ! »
Il vint. Après quinze ans de deuil et de nuit noire,
Il nous fit tressaillir encore au mot : Victoire !
     Courbet ! grand et vénéré nom !

Il vint. Il apparut et disparut trop vite ;
Et sa gloire brilla pour s'éteindre, subite,
        Ainsi que l'éclair d'un canon.
Ce qu'il fut? Un marin. — Un marin, c'est-à-dire
L'homme qui n'est heureux qu'en mer, sur le navire
        Qui peut devenir son tombeau ;
L'homme qui, pour servir son pays, sacrifie
Et risque chaque jour, à chaque instant, sa vie...
        Un marin ! — Et rien n'est plus beau !
Il eut ces deux amours : la patrie et l'espace.
Certes, il est grand ! Partout où son escadre passe,
        C'est pour l'honneur du pavillon ;
Partout où l'ont porté la voile et la machine,
Il laisse, le marin fameux des mers de Chine,
        De la gloire dans son sillon.
Mais il meurt !... Tu n'es pas heureuse, ô pauvre France !
Après Chanzy, Courbet ! Deux fois ton espérance
        Se perd dans un lugubre deuil.
Tu suis des yeux là-bas ton héros qui navigue...
Il est mort au devoir, il est mort de fatigue !
        Le Bayard rapporte un cercueil !
Battez aux champs pour lui, tambours couverts de voiles !
Car, quand il conduisait, la nuit, sous les étoiles,
        Ses cuirasses de premier rang,
Son rêve, j'en suis sûr, était bien autre chose
Que couler une jonque ou que bloquer Formose ;
        Son espoir était bien plus grand.

O Courbet ! âme pure et de vertus nourrie,
Français qui sur les mers fit flotter la patrie,
          Gardien du drapeau relevé !
N'est-ce pas, amiral vainqueur, grand chef austère,
Que tu te préparais pour la meilleure guerre
          Et pour le bon combat rêvé ?
Nous le comprenons bien en te rendant hommage :
Nous faisons parmi nous triompher ton image
          Dans l'indestructible métal,
Nous te plaçons parmi les hommes les plus rares...
Pourquoi n'avoir, hélas ! que quelques noms barbares
          A graver sur ton piédestal ?
Ah ! quand se dressera ta figure guerrière,
Telle qu'on la voyait sur le gaillard d'arrière,
          Debout dans le grand vent amer.
Sans rhétorique creuse et longtemps débattue,
Écrivons simplement ces mots sous sa statue :
          « Il aima la France et la mer. »

FIN

TABLE

9 782329 468006